Rebâtir l'avenir

Jacques Racine

Rebâtir l'avenir

Comprendre et surmonter la crise financière

MÉDIASPAUL

Médiaspaul reconnaît l'aide financière du Gouvernement du Canada par l'entremise du Fonds du livre du Canada, du Conseil des Arts du Canada et de la Société de développement des entreprises culturelles du Québec (SODEC) pour ses activités d'édition.

Conseil des Arts du Canada | Canada Council for the Arts | Patrimoine canadien | Canadian Heritage | Société de développement des entreprises culturelles Québec

Catalogage avant publication de Bibliothèque et Archives nationales du Québec et Bibliothèque et Archives Canada

Racine, Jacques, 1941-

Rebâtir l'avenir : comprendre et surmonter la crise financière.

Comprend des références bibliographiques.

ISBN 978-2-89420-931-8

1. Crise financière mondiale, 2008-2009 – Aspect social. 2. Crise financière mondiale, 2008-2009 – Aspect politique. I. Titre.

HB3717.2008R32 2013 330.9'0511 C2013-941863-6

Composition et mise en pages : *Robert Charbonneau*
Maquette de la couverture : *Robert Dolbec*
Photo de la couverture : *Bigstock*

ISBN 978-2-89420-931-8

Dépôt légal — 3e trimestre 2013
Bibliothèque et Archives nationales du Québec
Bibliothèque et Archives Canada

3965, boul. Henri-Bourassa Est
Montréal, QC, H1H 1L1 (Canada)
www.mediaspaul.ca
mediaspaul@mediaspaul.ca

Médiaspaul
48, rue du Four
75006 Paris (France)
distribution@mediaspaul.fr

Imprimé au Canada – Printed in Canada

À Éva et Étienne

INTRODUCTION

En juin 2007, j'étais nommé président d'un Comité de retraite possédant un avoir de quelques milliards de dollars dont le gestionnaire était la Caisse de dépôt et placement (CDP) du Québec. Peu de temps après mon arrivée, mes collègues et moi, plongés en pleine crise financière, prenions conscience peu à peu de l'importance du phénomène et de ses répercussions sur les avoirs des membres et sur les diverses politiques de financement et de placement du régime.

Tout au long des mois et des années de la crise, nous avons profité de nombreuses informations, études et analyses offertes par la CDP pour mieux en saisir les causes et les conséquences. Grâce aux services qu'elle nous a offerts et aux conseils d'une équipe de la Commission administrative des régimes de retraite et d'assurance (CARRA), le Comité de retraite et son Comité de placement ont réussi à redresser la situation du régime, sans toutefois arriver à dissiper tous les nuages pour l'avenir. Pour ma part, cette expérience m'a aidé à mieux comprendre le système financier néolibéral et les nombreuses crises qu'il a connues au cours des dernières années. Mais elle a aussi soulevé chez moi de nombreuses questions.

La présidence du Comité de retraite n'est pas un emploi à plein temps. Au cours des cinq dernières années, je n'ai pas cessé de m'intéresser à mes domaines d'enseignement et de recherche à l'Université Laval : l'éthique sociale et politique, et l'éthique des affaires. J'ai continué à rencontrer des groupes engagés socialement, à participer au comité de rédaction de la revue *Relations* et à diriger, dans leurs recherches, des étudiants préoccupés par l'avenir de leur coin de pays et de la planète. Cela m'a donné l'occasion d'acquérir un autre regard sur la crise et sur ses conséquences et d'entendre des critiques virulentes sur la mondialisation financière. Cette tendance dominante, affirme-t-on, encourage la dépréciation des États et du politique, la marchandisation de l'être humain et le déni de la diversité des cultures et des traditions.

Ce livre porte les traces de mon appartenance à ces deux mondes bien différents. Cette situation a suscité chez moi un malaise, mais elle m'a aussi permis d'occuper un poste d'observateur participant privilégié. En août 2012, j'ai été invité à donner une conférence sur cette expérience. Plusieurs auditeurs m'ont incité à pousser plus loin mon travail et à en publier les fruits. J'ai fait le pari qu'il valait la peine de prendre le temps nécessaire pour mettre en ordre mes analyses et mes réflexions afin de proposer un certain regard sur la crise et sur les interpellations qui en découlent en vue d'une transformation des institutions et de la création éventuelle d'un véritable gouvernement du monde.

Cette démarche m'a conduit plus loin que je ne le prévoyais au départ. Il m'est vite apparu que, derrière cette crise financière, se profilait une véritable crise morale liée à la dépréciation de la personne humaine, réduite à l'état de ressource au service d'un matérialisme exacerbé et d'une logique marchande omniprésente.

Les six chapitres de ce livre reprennent le cheminement que j'ai suivi. L'analyse des causes de la crise, de ses conséquences et des efforts pour s'en sortir fera l'objet des quatre premiers chapitres. Le cinquième traitera de la pertinence de l'hypothèse d'un gouvernement du monde. Enfin, le dernier proposera une réflexion sur les conditions d'une éducation qui aurait pour objectif de former des personnes qui, malgré la diversité de leurs engagements, se rendraient responsables de l'humanisation du monde.

1

LES ROUAGES D'UNE CRISE EXCEPTIONNELLE

La crise financière sévit depuis 2007. Née aux États-Unis, elle a gagné toute la planète. Elle est systémique, a connu de nombreux développements et a touché les pays et les grands ensembles économiques de diverses manières. Dans un premier temps, il importe de mettre au clair les éléments qui expliquent ses enchaînements successifs. Pour ce faire, nous procéderons de façon historique tout en cherchant à définir certains termes utilisés par les milieux financiers et qui, aux yeux de beaucoup de lecteurs, peuvent s'apparenter à un langage d'initiés.

A- La crise de l'immobilier aux États-Unis

Pendant l'été 2007, dans les échanges qui ont eu lieu dans plusieurs comités de placement et de retraite qui se préoccupaient de la situation, un terme plus ou moins nouveau prenait beaucoup d'importance : *subprime*. Voilà, semblait-il, le grand responsable de ce qui arrivait.

Qu'est-ce qu'une *subprime* ? C'est un prêt immobilier à taux d'intérêt variable, garanti par une hypothèque à haut risque et à coût potentiellement très élevé. Tout risque renvoie à un coût. Ce type de prêt s'était répandu beaucoup aux États-Unis.

Tout avait commencé par une crise de l'immobilier en 2007. Celle-ci avait été annoncée dès 2006 dans de nombreuses revues, dont *The Economist*. On avait alors observé une hausse très importante et rapide des prêts hypothécaires depuis 1998. La proportion qu'ils occupaient par rapport au produit intérieur brut du pays (PIB) devenait de plus en plus inquiétante. Elle dépassait les deux tiers du PIB. Bien plus, les saisies d'hypothèques à haut risque avaient augmenté de façon importante depuis le second semestre 2005. Mais ce n'est qu'en juillet 2007 que l'on commença à s'affoler en observant ce qui était en train de se passer. L'agence de notation Moody's abaissa la note de crédit de plusieurs titres octroyés par les grandes banques américaines pour une valeur de 12 000 milliards de dollars. La banque d'investissement Bear Stearns annonça peu après que la valeur de ses fonds avait fondu de moitié. Pourtant, entre 2005 et 2007, cette banque avait été reconnue comme « la plus admirable » par une étude du magazine *Fortune*. Voilà qu'en juillet Wall

Street connaissait une baisse record. Les bourses de Londres, de Francfort, de Paris et de Tokyo reculaient également.

Au cours des années précédentes, on était passé d'un montant de 200 milliards de dollars de prêts hypothécaires de type *subprime* en 2002 à 640 milliards de dollars en 2006. Comment l'expliquer? À la suite de la crise causée par l'éclatement de la «bulle» des nouvelles technologies de l'information et des communications au début des années 2000, la Fed – abréviation qui désigne la Banque centrale américaine – a abaissé son taux d'intérêt directeur (taux de base ou taux plancher pour établir tous les autres taux) de 6 % à 1,75 % pour favoriser la relance de la croissance économique. Il est même passé à 1 % en 2003-2004 et il a conduit à des taux d'hypothèque très bas. Le secteur de l'immobilier s'est déployé et l'économie a repris son envol, ainsi qu'on l'avait souhaité. Comme le dit l'adage, quand la construction va, tout va. Les établissements de crédit ont profité de l'occasion pour faire des affaires.

Mais ils ne se sont pas contentés de faire crédit aux personnes qui en avaient les moyens. Rémunérés sur la base des hypothèques qu'ils vendaient, ils ont prêté de plus en plus et sans aucune gêne à des ménages qui n'avaient pas les revenus suffisants pour acquitter leurs obligations de remboursement. Certains n'avaient pas d'emploi stable ou étaient sans emploi; d'autres étaient sans papiers et pouvaient perdre leur possibilité de résidence aux États-Unis. Les agents de crédit leur laissaient entendre que la valeur de leur propriété augmenterait rapidement, comme elle l'avait fait dans les années précédentes. Cela permettrait aux acheteurs d'acquérir de nouvelles capacités d'emprunt jusqu'à 110 % de la valeur de l'immeuble, objet du prêt. Ils pourraient ainsi se procurer d'autres produits qu'ils souhaiteraient acquérir. On leur faisait aussi miroiter la possibilité de recueillir des profits importants lors de la revente de leur propriété.

Dans leur présentation, les agents de crédit insistaient sur le faible taux d'intérêt des deux ou trois premières années de l'entente. Mais ils passaient vite sur la question de la variabilité du taux à long terme et ne se donnaient pas la peine de s'assurer que les emprunteurs comprenaient les formules utilisées pour déterminer leur remboursement mensuel des années subséquentes ainsi que les conséquences éventuelles de leur incapacité à remplir leurs obligations. Bien plus, les agents de crédit ne portaient aucune attention à la condition des acheteurs et aux risques qu'ils encouraient. Il faut dire que les institutions financières n'étaient pas beaucoup plus sensibles aux risques qu'elles prenaient elles-mêmes.

La Fed, par crainte sans doute d'une surchauffe ou d'une bulle immobilière, haussa son taux directeur de 1 % à 5,25 %, de 2004 à 2006, en 17 étapes successives de 0,25 %. Cette décision se répercuta sur tous les produits financiers. Étant donné leur caractère variable, les taux des hypothèques à risque (*subprime*) augmentèrent de façon importante. Car si, pour les deux ou trois premières années, le taux était fixe et ne comportait qu'une prime assez légère au-dessus du taux de base, il n'en était plus ainsi par la suite. La prime était alors recalculée selon un indice actuariel complexe auquel on ajoutait une marge. Par exemple, un nouveau propriétaire qui avait acheté une maison en 2004 pouvait ainsi passer d'un taux de 4 % à un taux de 18 %. Cette augmentation était liée à la fois à l'augmentation du taux de base et au calcul de la prime à long terme pour un prêt plus risqué. Ce taux s'appliquait après la troisième ou quatrième année de l'hypothèque. Le paiement mensuel augmentait ainsi de façon importante et, dirions-nous, de façon catastrophique si le propriétaire avait décidé de ne payer que les intérêts sans remboursement de capital pendant les deux premières années, comme cela était possible dans certains contrats.

Au même moment, la valeur des propriétés sur le marché diminuait rapidement. Pour un quart des propriétaires, la perte de valeur était de plus de 60 %. Le nouveau prix de la propriété devenait souvent inférieur au montant de l'hypothèque. Si certains plus futés et plus à l'aise remirent leur maison à l'institution prêteuse pour en acheter une semblable à moitié prix et réduire d'autant leur nouvelle hypothèque, les propriétaires les plus en difficulté n'avaient plus le choix, particulièrement ceux qui avaient emprunté sur la valeur de leur maison pour faire d'autres achats ou, encore pire, assurer leurs dépenses quotidiennes de base. Ils ne pouvaient plus payer leur mensualité et ils manquaient à leurs engagements comme l'indiquait la hausse importante du taux de défaillance de paiement, qui passa de 12 à 19 % de 2006 à 2008.

Heureusement pour eux, aux États-Unis, la loi leur permettait de remettre les clefs de leur maison à la banque, sans plus. Ils n'avaient pas à faire faillite. On dit que, pendant la seule année 2007, il y eut plus d'un million et demi de propriétés qui ont été saisies ou remises aux banques et aux institutions financières ; quelques millions de personnes ont été victimes de cette défaillance du système. L'État du Nevada a été le plus touché des États américains. L'Arizona et la Californie suivaient de près dans ce palmarès des perdants. La situation de l'immobilier en Floride, destination-vacances privilégiée des Québécois, a fait l'objet de plusieurs reportages au Québec. Les médias s'intéressaient soit à l'achat de résidences secondaires à bas prix ou à la perte de la valeur des propriétés des retraités québécois qui y étaient déjà installés.

Les banques et les autres institutions financières de crédit furent bientôt dans une position intenable. Elles ne recevaient plus les remboursements mensuels attendus et se retrouvaient aussi avec des propriétés qu'elles ne pouvaient vendre que moyennant des pertes importantes. Dès le mois d'août 2007, les banques centrales réinjectèrent de l'argent pour soutenir la bourse. Bank of America injecta deux milliards dans Countrywide, le premier prêteur immobilier au pays. Le fonds américain Sentinel Management Group se mit en faillite. Dès ce moment, on évaluait le coût de la crise des *subprimes* à 150 milliards de dollars.

En septembre, le Royaume-Uni était touché. On y avait aussi utilisé les *subprimes.* La Banque d'Angleterre devait consentir un prêt d'urgence à Northern Rock, le numéro cinq du financement immobilier britannique. Quelques mois plus tard, cette institution sera nationalisée. Aux États-Unis, en décembre, le président Bush présenta un plan d'urgence destiné à venir en aide à certains ménages en difficulté et annonça un plan de relance de l'économie américaine de 150 milliards de dollars. En avril 2008, l'Organisation de coopération et de développement économique (OCDE) chiffrait les pertes liées à la crise des *subprimes* à 422 milliards de dollars.

Au Canada, la situation était différente. À première vue, on semblait échapper au phénomène des *subprimes.* Le marché des hypothèques étant plus structuré et réglementé, les banques n'étaient pas à risque. En été 2007, on s'inquiétait cependant des baisses boursières, des difficultés de l'immobilier américain et de ses répercussions éventuelles sur l'économie canadienne. Les membres des comités de retraite, préoccupés par la situation, interrogeaient leurs gestionnaires, qui les rassuraient. Dans un premier temps, ils affirmaient que les caisses des régimes de retraite ne possédaient pas cette catégorie d'hypothèque dans leurs fonds. Mais, au fur et à mesure que les semaines passaient, certains se rendaient compte que la situation n'était pas aussi limpide qu'ils le souhaitaient. Des rumeurs commençaient à circuler, des informations étaient divulguées. Au début de l'automne, on apprenait qu'il y avait des *subprimes* américaines dans certains produits dérivés ou complexes que l'on retrouvait dans des portefeuilles de régimes de retraite. Des experts disaient qu'il ne fallait pas s'inquiéter, car ces produits, considérés comme des obligations corporatives, avaient la meilleure note attribuée par les grandes agences de notation américaines Moody's et Standard and Poor's : la note triple A.

En décembre, le discours avait changé. La situation s'était encore détériorée ; les écarts sur les taux d'intérêt avaient augmenté ; la CDP avait un plus grand nombre de titres liés aux *subprimes* qu'elle ne le croyait. Aussi, elle nous annonçait qu'à la fin de l'année il faudrait accepter de reconnaître aux états financiers des régimes de retraite une certaine dette que l'on récupérerait plus tard. La situation s'était envenimée au cours des semaines précédentes, comme le révélaient les pertes bancaires annoncées. Avec d'autres grands partenaires et des banques, la CDP cherchait une solution pour récupérer l'essentiel des pertes, liées à la possession de *subprimes,* subies en 2007. On se rendait compte alors qu'on ne faisait plus seulement face à une crise de l'immobilier américain, mais à une crise financière qui traversait les frontières et dont on aurait grand-peine à sortir, quoiqu'on mésestimât sa durée et sa gravité à ce moment-là.

B- La crise financière

La crise financière connaîtra son paroxysme à la fin de l'été et au début de l'automne 2008. Le 7 septembre, Henry Paulson, secrétaire américain au Trésor, annonça le placement sous tutelle publique de Fannie Mae et de Freddie Mac. Ces deux entreprises étaient les piliers du refinancement du crédit immobilier auprès des institutions financières. Elles leur offraient des garanties sur les prêts les plus risqués. Elles valaient 5 200 milliards, soit le tiers de la capitalisation de la bourse américaine à ce moment-là. Leurs prêts ou leurs assurances bénéficiaient de la garantie de l'État, ce qui engendrait, estimait-on, un coût potentiel de 200 milliards de dollars pour les contribuables américains. Le 15 septembre 2008, Lehman Brothers, un des fleurons de Wall Street, une banque d'investissement international ayant son siège à New York, annonçait son intention de déclarer faillite dans la journée afin de protéger ses actifs. Le président Bush n'intervint pas et n'investit pas de fonds de l'État. Effectivement, Lehman Brothers déclara faillite. Le 16 septembre, la Fed accorda un prêt de 85 milliards à l'assureur américain AIG, au bord de la faillite. Le 28 septembre, la Belgique, les Pays-Bas et le Luxembourg annoncèrent la nationalisation partielle de la grande banque Fortis. Les bourses mondiales étaient totalement affolées, les banques fragilisées.

Le 3 octobre, Henry Paulson présenta un plan de sauvetage financier des banques américaines en créant un fonds public d'au moins 700 milliards de dollars permettant à l'État d'investir dans les banques, de racheter les créances douteuses, particulièrement les *subprimes,* pour stabiliser les marchés financiers. Le lendemain, les leaders européens s'engageaient à leur tour à soutenir les banques européennes. Malgré tout, les bourses mondiales connaissaient, le 6 octobre, un « lundi noir » ; c'était la panique. On faisait face à une crise de liquidités. Plusieurs banques peinaient à remplir leurs engagements. Elles n'avaient plus assez de fonds propres, de capital réel disponible. Elles augmentèrent les taux d'intérêt sur les emprunts. Elles hésitèrent à se prêter les unes aux autres. Le doute et la méfiance s'étaient installés entre elles et à l'égard d'autres institutions financières. Au Québec, la Caisse de dépôt et placement se rendit compte qu'il lui fallait vendre certains titres pour assurer les liquidités nécessaires aux diverses transactions, à des engagements de contrepartie et pour sécuriser ses opérations régulières. La situation qui avait eu cours en décembre 2007 s'était encore détériorée, et les délais pour rattraper la perte subie avec les *subprimes* seraient plus longs que prévu de toute évidence, et les conditions de récupération plus difficiles et risquées.

Plusieurs rencontres ont eu lieu dans les semaines qui suivirent. Un accord fut conclu entre les banques centrales de sept pays (États-Unis, Europe, Royaume-Uni, Canada, Suède, Suisse et Chine) pour qu'elles baissent leur taux directeur d'un demi-point. Les pays du G7 et de la zone euro adoptèrent un vaste plan de sauvetage du système financier mondial. Le 15 novembre se tint le sommet des dirigeants des pays industrialisés et des économies émergentes (G20) à Washington. De partout, on appelait à une plus grande coordination et à un assainissement du système bancaire.

Que s'était-il passé pour qu'on en arrive là ? Comment les *subprimes* américaines avaient-elles pu provoquer un tel dégât ? On peut répondre brièvement par cette expression d'un collègue : « Des *subprimes,* il y en avait partout. » Elles s'étaient infiltrées sans que l'on s'en rende compte dans des produits financiers complexes qui offraient un rendement un peu plus élevé qu'une obligation. Elles avaient fait le tour du monde. Essayons d'aller plus loin et d'expliquer comment on est arrivé à cette situation.

À cette fin, il nous faut rendre compte de trois grandes évolutions qu'avait connues le système financier depuis les années 1990 et qui avaient augmenté les liquidités sur les marchés :

1) le développement de la titrisation, qui donna naissance à des produits dérivés tels que les papiers commerciaux adossés à des actifs (PCAA) et qui fut source de grandes liquidités sur les marchés ;
2) l'internationalisation des transactions financières, qui favorisait la contagion ;
3) la déréglementation, qui amplifiait le risque.

Cherchons à mieux comprendre chacun de ces phénomènes.

1- La titrisation

La titrisation est une technique utilisée par les institutions financières visant à transférer des actifs financiers à des investisseurs (surtout d'autres institutions financières ou de grandes caisses de retraite). Elle est née aux États-Unis dans les années 1960, a connu une extension importante à la fin des années 1980 dans d'autres pays et a proliféré de façon débridée au début des années 2000. Plusieurs sortes de produits pouvaient faire l'objet d'une titrisation. Nous allons nous arrêter à ceux qui consistent en un transfert de créances, c'est-à-dire un transfert des droits sur une dette et sur les intérêts qui lui sont attachés. Pour réaliser ce transfert, l'institution qui cède les créances crée un portefeuille qui regroupe des créances de nature similaire.

Aux fins de démonstration, supposons qu'une banque qui a réalisé plusieurs prêts hypothécaires crée un portefeuille homogène de prêts immobiliers qui comporte des prêts qui ont servi à l'achat de maisons, d'hôtels ou d'immeubles de bureau. Elle transfère ce portefeuille à une structure *ad hoc* (*trust,* fonds, société, *Special purpose vehicule* ou *Special Purpose Company* en milieu américain, Fonds commun de titrisation en France) qui en finance le prix d'achat en vendant des titres de ce portefeuille sous forme d'obligations, de billets de trésorerie ou de papier commercial aux investisseurs. Chaque titre est constitué d'une partie de tous les actifs sous-jacents constitués de maisons, d'hôtels ou d'immeubles de bureaux. Le risque est ainsi diminué si un actif sous-jacent fait défaut. C'est la beauté de l'affaire en théorie. Et on peut dire la même chose, *grosso modo,* de l'ensemble des produits dérivés qui sont les fruits de l'ingénierie financière grâce à l'opération que l'on a baptisée « saucissonnage », « tranchage » ou « partage du risque », en faisant porter à plusieurs le risque de chacun des actifs sous-jacents présents.

Ces produits ont connu une grande popularité, d'autant plus qu'ils offraient des rendements plus importants que les obligations et pour un risque jugé équivalent. Ces rendements étaient liés aux paiements des mensualités des prêts immobiliers, mais étaient versés aux investisseurs sous forme d'intérêt et de remboursement du capital investi. À vrai dire, on en venait à faire de l'immobilier sans trop s'en rendre compte. Ainsi, un Comité de retraite n'avait pas l'impression qu'il investissait dans des immeubles dont il aurait pu connaître les caractéristiques : fonction de l'immeuble, localisation, taux d'occupation, rendement annuel, protection contre l'inflation, qualité de gestion, etc. Il comprenait seulement qu'il avait dans son portefeuille des papiers équivalant à une obligation AAA, très liquide et offrant un intérêt supérieur. Il ne s'intéressait pas aux actifs sous-jacents, c'est-à-dire aux immeubles sur lesquels des hypothèques avaient été levées, ni aux personnes ou aux organisations qui les avaient contractées, mais plus à la sécurité qu'offraient la banque et l'intermédiaire auprès de qui il avait acheté ces titres.

Par cet exemple, on comprend qu'il puisse y avoir eu des pertes pour ceux qui avaient des titres adossés à des prêts immobiliers dans lesquels il y avait des *subprimes* américaines, mais on explique difficilement ainsi l'ampleur de la perte, puisqu'on a toutes les raisons de croire que ces *subprimes,* malgré leur ampleur, ne constituaient qu'une petite partie des titres. Ces portefeuilles eux-mêmes ne constituaient qu'une proportion limitée des produits dérivés : pas assez tout de même pour causer une crise financière mondiale. Si vous réfléchissez ainsi, de prime abord, vous avez parfaitement raison.

Mais le succès de cette première façon de faire de la titrisation, qui permettait aux banques de sortir de leur bilan les prêts qu'ils avaient faits en les vendant à d'autres, d'augmenter ainsi leurs liquidités et de les rendre disponibles pour de nouveaux prêts, a favorisé la création de produits dérivés plus complexes. Toujours sous le même prétexte de diminuer le risque et de créer des liquidités pour les banques, mais aussi pour l'ensemble du marché financier, on décida de créer des portefeuilles non homogènes qui comprenaient différents types de crédit et de procéder à de nouvelles titrisations plus complexes, toujours à l'aide d'intermédiaires. Désormais, un titre pouvait comprendre non seulement des prêts immobiliers diversifiés dont possiblement quelques *subprimes* comme actifs sous-jacents, mais aussi des cartes de crédit, des prêts automobiles et des prêts étudiants.

On peut déjà observer un phénomène de diffusion important des *subprimes.* Il y en a moins dans chaque titre, mais il y en a dans de plus en plus de titres, puisque ceux-ci sont de plus en plus diversifiés dans leur composition et touchent des marchés de plus en plus vastes. Il devient alors encore plus difficile d'assurer la transparence ou la bonne connaissance des titres que l'on achète. Sous prétexte de diversification du risque, le camouflage des actifs sous-jacents et de leurs propriétaires prend de l'importance.

Les spécialistes de l'ingénierie financière n'en sont pas restés là. Si le système fonctionnait et si on se fiait à l'analyse mathématique des probabilités, on pouvait certainement mettre sur le marché des titres au carré, c'est-à-dire des titres comprenant plusieurs portefeuilles non homogènes, tel que celui que nous avons pris en exemple. C'est effectivement ce que l'on fit. Il devenait ainsi quasi impossible aux investisseurs de savoir ce qu'ils détenaient. Ils se fiaient à un rendement annoncé, à la réputation des banques et surtout aux agences de notation, qui accordaient la plupart du temps une note triple A, la plus haute sur le marché, à ces produits de troisième génération.

- **Les « papiers commerciaux adossés à des actifs »**

Nous avons cherché à expliquer le mécanisme de la titrisation et sa complexification progressive. Arrêtons-nous plus précisément au produit dérivé qui a fait le plus de dommages au Québec et particulièrement à la CDP : le papier commercial adossé à des actifs (PCAA). Il avait toutes les caractéristiques indiquées dans l'exemple précédent et il se déployait sous les formes plus ou moins complexes évoquées. Ce papier commercial était la preuve légale de l'achat d'un certain nombre d'actifs provenant de prêteurs, particulièrement des cartes de crédit, des hypothèques, des prêts automobiles ou étudiants. Ce qui le caractérisait, c'est que, malgré ses actifs sous-jacents, le PCAA se présentait sous forme de titres de dettes à court terme dont les possesseurs devaient s'acquitter dans un délai de trente à quatre-vingt-dix jours.

Les PCAA ont alors été considérés par ceux qui les détenaient comme possédant les mêmes caractéristiques qu'une obligation fédérale à court terme. Ils étaient facilement échangeables, à peu près sans risque, puisque les agences leur accordaient une note AAA. Ils étaient émis par des banques reconnues ayant une forte notoriété et comportaient une prime par rapport aux obligations fédérales à court terme. Les institutions qui en possédaient les assimilaient à ces dernières pour établir leur niveau de liquidités ou la disponibilité de leurs fonds. Ces différents attraits des papiers commerciaux augmentèrent leur diffusion et favorisèrent un manque de transparence quant à l'importance du poids des PCAA dans une organisation. On en retrouvait dans différentes catégories d'actifs, puisque souvent ils étaient utilisés comme liquidités par les gestionnaires de chacune de celles-ci.

Il y avait eu une très forte hausse d'échanges de produits titrisés de 2000 à 2007. Cette hausse s'était accélérée de décembre 2007 à septembre 2008. Pendant cette dernière période, de plus en plus d'analystes considéraient que les agences de notation sous-évaluaient le risque réel de ces titres et ignoraient le risque systémique que provoquait la large diffusion de la titrisation et les nombreuses transactions interbancaires qu'elle suscitait à un rythme effréné. Devenu conscient de cette fragilité, chacun essaya alors de sauver ses billes, de passer ses problèmes à un voisin, de se débarrasser de ces produits dont on ne pouvait apprécier la valeur. Les institutions financières s'échangèrent alors, avec de fortes commissions, du papier commercial jusqu'à ce que la perte de confiance et la panique s'installent, que le système financier paralyse faute de liquidités et que les PCAA ne s'échangent plus.

Ils ont connu une dévaluation et leur valeur s'approcha de zéro en décembre 2008. Les institutions qui en possédaient ont accusé des pertes importantes. Leur rendement pour l'année 2008 a diminué du même pourcentage que le pourcentage de leur possession de PCAA. Si elles en avaient 5 %, leur rendement baissait de 5 %, toutes choses étant considérées comme égales par ailleurs. En plus, leurs liquidités globales disponibles étaient réduites du même montant que ce qu'elles avaient investi pour acheter les PCAA à levier, c'est-à-dire par emprunt. Ainsi, un organisme qui possédait un portefeuille global de 300 milliards, qui avait des liquidités ou une disponibilité de 40 milliards pour lui permettre de poursuivre l'ensemble de ses activités et qui perdait 15 milliards à cause des PCAA ne possédait plus que 25 milliards de liquidités, ce qui n'était plus suffisant pour sécuriser son portefeuille. Il devenait nécessaire de vendre à perte de bons actifs à un moment où la bourse était à la baisse, et il lui était impossible d'acquérir des actifs prometteurs. Cette situation causait des déficits supplémentaires et à long terme. C'est ce type de situation qu'a connu la Caisse de dépôt et placement.

2- L'internationalisation des transactions financières

Le Québec n'a pas été frappé par la crise des *subprimes* à cause de sa proximité par rapport au marché financier de New York et à cause de sa situation en Amérique du Nord. Il participait cependant au vaste mouvement d'internationalisation des transactions financières qui existait certes depuis longtemps, mais qui s'était développé et élargi de façon importante depuis la chute du mur de Berlin, l'intégration de la Chine à l'économie mondiale et l'essor des pays émergents. Il faut se rappeler aussi que le développement des nouvelles technologies de l'information permettait des contacts instantanés d'un pays à l'autre, et surtout des transactions à une rapidité insoupçonnée entre les institutions financières. Voilà le second facteur qui explique la crise des *subprimes.*

Quelle que fût l'heure, il y avait dorénavant quelque part une bourse ouverte avec laquelle on pouvait traiter. Les fluctuations d'une bourse, d'une matière première ou d'un grand titre à la hausse ou à la baisse en un endroit avaient des conséquences à l'échelle mondiale. Une catastrophe au Japon influençait certes l'économie japonaise dans un premier temps, mais elle avait des répercussions sur les bourses un peu partout dans le monde et pouvait peser sur le prix des matières premières. Une sécheresse aux États-Unis touchait le prix du maïs, mais aussi le prix du porc qui s'en nourrit au Québec. D'autre part, une amélioration de la création de l'emploi aux États-Unis, une stabilisation de l'euro, une augmentation du PIB chinois conduisaient à une hausse de la bourse. Il en a été de même des différentes transactions financières découlant de la titrisation, qui avait pour caractéristiques d'augmenter la liquidité, de favoriser l'emprunt et de permettre à celui qui achetait des créances à court terme de faire un léger profit plutôt que de laisser de l'argent sur la table, comme on dit souvent pour s'excuser. L'effet d'entraînement a joué rapidement et a facilité un développement rapide des produits dérivés et une augmentation des profits pour les institutions financières.

Cette internationalisation du marché financier et l'augmentation rapide des échanges entre les banques selon le besoin des unes et des autres avaient été favorisées par les fortes liquidités qui se trouvaient déjà dans le marché mondial. Elles avaient été causées par la baisse globale de l'inflation mondiale au cours des années qui précédèrent la crise et par une baisse généralisée des primes de risque et des intérêts à long terme. On se faisait confiance les uns aux autres, on vivait en paix entre les grands, tous cherchaient la croissance, et la croissance rapide. Les élites financières du monde rêvaient au miracle de Dubaï. Tout semblait rouler en leur faveur.

Mais la confiance en bourse est quelque chose de fragile. Elle peut facilement faire place à la panique et changer radicalement le cours des choses. C'est ce qui se produisit à l'automne 2008. Les transactions diminuèrent sur les PCAA et sur les autres produits associés avant de cesser presque complètement, comme nous l'avons dit, dans le marché mondial. Le gel des transactions ou tout au moins leur ralentissement s'étendirent peu à peu à tous les produits dérivés et à la technique même de la titrisation. On ne pouvait plus vendre à d'autres les mauvaises créances, les faire circuler sur un manège sans fin, en se les passant sans cesse de l'un à l'autre comme une patate chaude. Il fallut que chacun fasse son propre bilan des pertes et des gains : les investisseurs, les prêteurs, les intermédiaires financiers. Beaucoup ont découvert qu'ils avaient pris trop de risques, qu'ils n'avaient plus les liquidités requises pour acquitter leurs obligations. Plusieurs banques devinrent insolvables. Faute de capital propre suffisant, plusieurs firent faillite ; d'autres, plus nombreuses, furent soutenues par l'État. On assista alors à une crise du système bancaire et à sa remise en question aux États-Unis et dans différents pays européens. Mais, encore une fois, comment expliquer qu'on n'ait pu prévenir un désastre tel qu'il conduira certains pays au bord de la faillite ? L'analyse du troisième phénomène évoqué précédemment, la déréglementation, nous permettra de retrouver la source première de la crise financière de 2008 et de celles qui l'ont précédée.

3- La déréglementation

Au cours des dernières décennies, la déréglementation du système financier mondial s'est réalisée de façon progressive, soit par le nombre de plus en plus grand de pays qui ont adopté cette orientation, soit par l'ampleur qu'a prise celle-ci dans chaque pays. On associe les débuts de ce phénomène à l'élection de Margaret Thatcher, qui, en 1979, abolit tout contrôle des changes en Grande-Bretagne, et à Ronald Reagan, qui entreprit, dès 1981, un vaste mouvement de libéralisation des échanges et de déréglementation aux États-Unis.

Déréglementer consista pour les responsables politiques à lever les obstacles juridiques à la mobilité des capitaux entre les économies et les marchés. C'est ainsi qu'on abolit les contrôles sur les taux d'intérêt, qu'on abandonna l'encadrement du crédit, qu'on laissa la liberté aux institutions financières de fixer les tarifs et les commissions qui leur étaient dus, de développer à leur guise le marché du crédit, des titres et des actions, de décloisonner les marchés d'un pays à l'autre, de faciliter l'entrée des banques et des institutions financières étrangères. Autrement dit, les responsables politiques abandonnèrent leur pouvoir sur le monde financier et leur capacité d'intervenir. Ils acceptèrent la thèse des économistes, des financiers et des grands entrepreneurs, selon laquelle il fallait « moins d'État » et prôner le laisser-faire des forces du marché : d'où le chaos de 2008, entre autres. Prenons un exemple particulier, celui des États-Unis, la première économie mondiale et, comme nous l'avons dit, le pays où tout a commencé en 2007.

À la suite de la crise de 1929, le président Roosevelt avait adopté, en 1933, une série de mesures, dont la loi Glass-Steagall, qui avait limité la liberté des banques en séparant les banques de dépôt et les banques d'investissement, mais en gardant à chacune ses fonctions propres et ses limites, surtout par rapport au risque. Il avait précisé les modalités de fixation des taux d'intérêt et donné naissance à la Federal Deposit Insurance Corporation (FDIC), chargée de protéger les épargnants. Il a fondé aussi la Security Exchange Commission (SEC) et la Commodity Futures Trading Commission (CFTC), entités responsables de superviser respectivement le marché des valeurs et celui des contrats à terme.

À partir de 1981, on a déconstruit peu à peu ce système de protection en l'affaiblissant afin de faciliter l'expansion des activités du système financier, sous prétexte qu'il était capable de s'autoréguler à partir du seul marché. On a éliminé les restrictions sur l'établissement des taux d'intérêt et sur les activités des caisses de dépôt. Si nous avons affirmé que tout a commencé sous le président Reagan, il faut admettre que l'âge d'or de la déréglementation coïncida avec l'ère du président Clinton, qui démantela la loi Glass-Steagall. Il permit la fusion des activités bancaires commerciales, boursières et d'assurances et indirectement limita la capacité de la CFTC de réguler les marchés des produits dérivés. Il permit ainsi une expansion sans précédent d'institutions financières gigantesques et le développement de bulles spéculatives.

Cette déréglementation américaine, qui a conduit à la diffusion et à la complexification des différents types de produits dérivés, s'est aussi produite, selon des formes variées et à des moments différents, dans les pays développés et les pays émergents en même temps qu'augmentaient l'internationalisation des transactions financières et la prolifération des filiales bancaires sur de multiples territoires. Cette situation a provoqué une très grande disponibilité de liquidités au niveau mondial. Celle-ci a favorisé la spéculation, une baisse généralisée des primes de risque, l'imprudence, la fraude, la multiplication des paradis fiscaux, l'élargissement des écarts entre les revenus des citoyens d'un même pays. Elle a provoqué entre autres la crise des technologies de l'information de 2002.

- **De l'excès au manque de liquidités**

S'il est juste d'affirmer qu'un excès de liquidités fut une cause de la crise des *subprimes* de 2007 et indirectement une cause de la crise financière de 2008, c'est plutôt un manque de liquidités qui explique par la suite la crise bancaire. Après la constatation de la difficulté des banques et des institutions financières à remplir leurs obligations, on n'assista plus seulement à un gel des transactions sur les PCAA et autres produits dérivés, mais à un blocage généralisé des transactions lié à une remise en question de la sécurité des banques et à la découverte de leur sous-capitalisation et de leur insolvabilité. On avait perdu confiance dans le système. Les banques hésitaient à se prêter les unes aux autres. On procéda à de moins en moins d'échanges. La crise financière, qui s'expliquait à l'origine comme une crise causée par une trop grande facilité d'emprunt, devait sa gravité et sa durée à l'absence de liquidités et à la difficulté d'emprunter. Il ne faut pas se surprendre que ce passage brusque, sur une très courte période, de liquidités abondantes à un manque de liquidités ait causé une crise économique qui a été comparée à la crise de 1929.

Si la crise immobilière a provoqué un frein majeur et de longue durée dans l'industrie de la construction, particulièrement aux États-Unis et dans certains pays européens, et si elle a eu des conséquences sur l'industrie forestière du Québec, la crise financière a eu des répercussions beaucoup plus fortes sur les places boursières mondiales, qui ont connu de fortes variations. Les banques connaissaient de grandes difficultés dans de nombreux pays, et la place importante que leurs titres occupaient dans les diverses bourses expliquait en partie leur chute. Mais le manque de liquidités disponibles, la baisse de la demande des consommateurs, qui étaient inquiets ou, encore plus dramatiquement, sans travail, la diminution importante des échanges internationaux ont fait en sorte que c'est l'ensemble de l'industrie qui fut touché, et par conséquent le produit intérieur brut (PIB) des différents pays. Dans le seul mois d'octobre 2008, le Dow Jones américain avait baissé de 37 %, le Dax allemand de 47 %, le Nikkei japonais de 50 %, le FTSE 100 du Royaume-Uni de 40 %. En novembre

2008, *Le Figaro* et *Le Monde* annoncèrent que les actionnaires avaient perdu de 20 000 à 25 000 milliards entre la fin de l'année 2007 et la fin d'octobre 2008. Le premier comparait ce montant à la perte de « la moitié des richesses produites en un an sur la planète ou dix fois le produit intérieur brut de la France » ; le second, à une « perte de presque la moitié de la capitalisation boursière des grandes places financières ». Et ce n'était pas fini.

De très grandes entreprises, que l'on croyait presque intouchables, furent en difficulté sérieuse. La compagnie General Electric, reconnue pour la fabrication de ses appareils ménagers, avait mis sur pied une division financière qui offrait des prêts à la consommation, des prêts immobiliers et même du financement pour les entreprises à la recherche de rentabilité additionnelle basée sur des instruments spéculatifs. C'est cette division financière qui a entraîné General Electric dans le marasme et provoqué sa chute en bourse. Volant au secours d'autres grandes entreprises, les gouvernements canadien et américain débloquèrent plusieurs milliards pour sauver General Motors et Chrysler. Ils négocièrent leur participation au sein de ces deux entreprises afin de vérifier la réalisation de leur plan de relance et d'assurer la récupération de leur prêt. Même une chaîne de magasins au détail aussi connue que Woolworths en Angleterre fit faillite. Elle y possédait plus de huit cents magasins et comptait plus de

22 000 salariés permanents. Elle déposa son bilan final en décembre 2008, après 99 ans d'existence.

Ces exemples connus ne doivent pas faire oublier les obstacles rencontrés par un grand nombre de petites et moyennes entreprises qui étaient à la recherche de crédit ou qui connaissaient une baisse importante de leurs ventes. Ces phénomènes les empêchaient de poursuivre leur production au même rythme et les conduisaient à mettre à pied un certain nombre de travailleurs, quand ce n'était pas à fermer des succursales. La crise financière, qui avait touché d'abord l'économie « de papier », touchait dès la fin de 2008 et le début de 2009, l'économie réelle : les entreprises industrielles et commerciales. On commença à parler de récession, et d'une récession qui pourrait être assez longue, probablement plus longue que les récessions précédentes, qui n'avaient pas duré plus de seize mois aux États-Unis. Un peu plus tard, on parlera de « Grande récession » pour qualifier la crise.

Une récession est une période de ralentissement de l'activité économique qui s'étend sur un certain nombre de trimestres consécutifs, déterminé différemment selon les auteurs et les organisations. Elle est qualifiée de plus ou moins importante selon l'intensité de la diminution du taux de croissance du PIB. Certains préfèrent utiliser les termes « décroissance » ou « contraction » pour qualifier ce phénomène. L'Organisation de coopération et de développement économique (OCDE) annonçait en octobre 2008 que le PIB américain devait diminuer de 0,9 % en 2009 et le PIB de la zone euro de 0,4 %. L'Allemagne, la France et l'Irlande étaient touchées. Il en était de même de l'Angleterre, du Japon et de l'Islande, qui possèdent leur propre monnaie. Même la Chine et les pays émergents connurent une croissance moins importante de leur PIB à cause de la baisse de leurs exportations, provoquée par la situation financière des pays développés. On était vraiment passé de la crise financière à la récession économique avec tout ce qu'elle entraînait : capacités de production excédentaires, faillites, effondrement des bourses et une récession sociale, marquée par le chômage, le sous-emploi, l'appauvrissement. En Europe, elle déboucha sur une véritable crise monétaire et politique.

C- La crise de l'euro

Depuis 2010, le monde financier, la presse mondiale et les régimes de retraite se sont attardés de plus en plus à la crise de l'euro comme facteur déterminant de la situation économique mondiale. Certains ont évoqué la fin de l'euro ; d'autres la sortie de certains pays de cette zone, tels que le Portugal, la Grèce ou Chypre ; d'autres ont même mis en cause l'existence de la Communauté européenne elle-même. La plupart s'inquiétaient de la santé de cette troisième force économique du monde après les États-Unis et la Chine et de ses conséquences sur la croissance mondiale. Faisait-on face à un problème monétaire, financier, économique ou politique? À vrai dire, il y a un peu de tout cela. Essayons d'y voir un peu plus clair.

Tous les pays de la zone euro ont subi les effets de la crise des *subprimes* américaines et de la crise financière systémique qui a suivi pour les raisons déjà évoquées. Cependant, certains étaient mieux positionnés pour se défendre et se protéger. D'autres étaient très vulnérables pour différentes raisons. Voyons quelques exemples.

1- La Grèce

Dès novembre 2009, le nouveau gouvernement grec élu présenta des prévisions budgétaires qui laissaient entrevoir un déficit de plus de 12 % de la valeur du PIB. Il élabora certains ajustements pour ramener le budget à un déficit de 8,7 % du PIB. Il prévoyait alors que la dette grecque atteindrait autour de 120 % du PIB du pays quelques mois plus tard. En décembre 2010, les agences Fitch Ratings et Standard and Poor's abaissaient la note de crédit de la Grèce de A- à BBB+. Par conséquent, il devenait de plus en plus difficile à ce pays d'emprunter à un taux convenable, sur les marchés, l'argent nécessaire à son bon fonctionnement. En février et mars 2010, le gouvernement annonçait différentes mesures d'austérité: gel des salaires, gel des pensions, augmentation de la TVA, augmentation de différentes taxes. Une grève était déclenchée dans les secteurs public et privé. Aussitôt, les ministres des Finances de la zone euro se mettaient d'accord sur un premier mécanisme d'aide à la Grèce. De semaine en semaine se succédaient de nouvelles mesures d'austérité, des grèves, des plans d'aide. Malgré tout, la Grèce connut une nouvelle décote à l'été. Les créanciers craignaient toujours qu'elle n'arrive pas à rembourser sa dette publique.

Deux grands phénomènes étaient en jeu. D'une part, on prenait conscience que le problème grec existait bien avant la crise. Les gouvernements successifs avaient souvent adopté des mesures sociales sans en apprécier le juste coût et n'avaient jamais réussi à percevoir les impôts et les tarifications nécessaires pour assurer les services collectifs. Ils avaient plus ou moins caché la situation financière réelle de l'État par certains procédés comptables hors bilan, aidés en cela par la firme américaine Golden Sachs. Les journaux et les revues avaient pourtant fait mention régulièrement de situations répréhensibles. D'autre part, les responsables de la zone euro s'interrogeaient et se disputaient sur la meilleure façon d'aider la Grèce. Ils ne voulaient pas soutenir un pays incapable de se prendre en charge ou qui accordait à ses citoyens des privilèges qu'ils n'offraient pas eux-mêmes à leur population.

Ils exigèrent des plans d'austérité sévères et proposèrent des prêts avec intérêts qui risquaient d'augmenter la dette.

En 2011, la situation allait de mal en pis. Conséquence, un nouveau plan de sauvetage était adopté par les Européens. Il faisait appel à la collaboration du FMI et du secteur privé. Il élargissait le mandat du Fonds européen de stabilité financière. Mais les objectifs de réduction du déficit grec n'étaient toujours pas atteints. La Grèce était en récession, malgré les changements politiques qu'elle avait connus, l'intervention européenne et les programmes d'austérité sévères. Elle n'arrivait pas à reprendre le contrôle de son développement. Son sort était toujours en suspens.

Cette crise grecque a offert une première occasion aux opérateurs de marché de spéculer sur l'euro et sur les dettes souveraines de la zone, devant les hésitations et les débats de ses membres et les déboires de la Grèce.

D'autres pays connurent un sort similaire, même si leur situation était bien différente et moins préoccupante. Leurs dettes furent bientôt sous la loupe des spéculateurs et ils connurent la même pression des marchés financiers.

2- *L'Irlande*

L'Irlande avait connu un développement économique exceptionnel fondé sur l'attraction des investissements directs étrangers grâce à une réforme fiscale très favorable aux entreprises et à une industrie financière très dynamique. Ses finances publiques étaient saines. Malgré cela, son industrie financière a été touchée directement par la crise. Les banques ont causé sa perte par leurs prêts immobiliers au secteur privé, souvent à 100 % de la valeur des propriétés, par l'utilisation en très grande quantité de produits dérivés dont plusieurs comprenaient des *subprimes* et par leurs spéculations sur les marchés externes. L'Irlande entrait en récession en 2008. Elle avait perdu 10 % de son PIB en deux ans. Le gouvernement dut recourir au Fonds européen de stabilité financière et accepter ses conditions. En 2011, il a été obligé de nationaliser plusieurs banques et de s'endetter à un taux de plus en plus élevé, puisque les agences de notation avaient revu à la baisse la cote du pays selon leur évaluation de la dette irlandaise. La situation de l'Irlande posait un autre type de problème à l'euro, puisque l'on savait que beaucoup de banques européennes, dont celles de l'Allemagne et de la France, avaient investi en Irlande pendant le boum économique. On craignait que ce qui lui arrivait se propage à d'autres pays et que la France soit elle-même touchée de façon significative.

3- Le Portugal

C'est au début de l'année 2011 que se posa de façon plus aiguë le risque de crise au Portugal. En effet, le coût de ses emprunts augmenta à la suite de la dégradation de la note de sa dette souveraine par Standard & Poor's. Même si le premier ministre du Portugal avait essayé, par différents plans d'austérité, d'éviter le recours à des prêts européens et à leurs conséquences, la décote infligée par le marché est venue à bout de sa résistance. En avril, le gouvernement faisait appel au Plan européen de stabilité financière et au FMI pour la mise en place d'un plan de sauvetage de 78 milliards d'euros. S'il est reconnu que le Portugal avait, même avant la crise, une économie peu productive, peu attractive et moins intégrée à l'économie mondiale, il faut admettre qu'elle avait une dette moins élevée que la Grèce et qu'elle contrôlait bien ses dépenses publiques. D'ailleurs, le poids de sa dette, qui avait augmenté à la suite de ses emprunts, ne l'empêchera pas de réduire son déficit aux environs de 3 % en 2013, se conformant ainsi aux règles de la zone euro, mais avec des conséquences lourdes pour la population, comme on le verra au deuxième chapitre. Pour beaucoup d'observateurs, la façon d'agir des agences de notation et des marchés dans le cas du Portugal était prémonitoire de ce qui se passerait bientôt en Espagne.

4- L'Espagne

Ce pays, quatrième puissance économique de la zone euro, avait connu une bulle immobilière d'envergure. Entre 2000 et 2006, le prix des appartements avait doublé. On construisait environ 700 000 logements par année. Obtenant facilement des prêts à très long terme, beaucoup d'Espagnols cherchaient à devenir propriétaires. Tout se déroulait bien dans ce pays qui se développait à un rythme rapide tout en ayant en 2008 une des dettes publiques les plus faibles de la zone euro, équivalant à 47,8 % du PIB, par rapport à une dette moyenne de 77 % du PIB dans la zone. Le déclenchement de la crise immobilière en 2007 l'atteignit directement. Le prix des maisons chuta brutalement, les entreprises immobilières firent faillite dans un marché en surplus et les banques payèrent le coût de la dette privée liée au surendettement des ménages et des entreprises. Certaines furent mises en danger.

Au dernier trimestre de 2011, l'Espagne était tombée en récession, et elle l'était toujours à la fin de 2012. Le gouvernement central avait établi de vastes plans d'austérité, et sa dette demeurait inférieure à la dette moyenne de la zone euro, mais les problèmes des banques et des régions qui étaient aussi en difficulté exigeaient des mises de fonds supplémentaires de plus de cent milliards d'euros, qui semblaient de plus en plus difficiles à réunir étant donné la dégradation de la cote souveraine de l'Espagne. La pression des agences de notation et des investisseurs finit par avoir raison de la volonté du premier ministre Rajoy de ne pas solliciter le Fonds européen de stabilité financière (FESF). En juin 2012, il fit une première demande auprès du FESF pour le refinancement de ses banques dans le but de calmer la spéculation. Il n'utilisa pas le prêt qu'il avait obtenu, mais il négocia un arrangement avec l'Allemagne et la France, entre autres, pour établir un nouveau Mécanisme européen de stabilité (MES) qui prenne la place du FESF et qui puisse recapitaliser directement les banques en difficulté de façon à ne pas alourdir la dette publique de l'Espagne.

L'objectif du MES serait de permettre aux États ou aux banques d'emprunter à des taux moins élevés grâce à la garantie de tous les pays faisant partie de la zone euro. Le MES pourrait aussi exiger certaines conditions des pays qui recevraient de l'aide. La réglementation complète de ce mécanisme était en place au début de l'année 2013. Il remplaça totalement le FESF en juillet 2013.

5- *L'Italie*

L'Italie, troisième puissance économique de la zone euro, connaissait aussi des difficultés avec sa dette publique, qui atteignait en 2012 plus de 120 % du PIB. Elle pourrait également profiter du MES, qu'elle défendit âprement avec l'Espagne auprès des autres pays membres de la zone euro. Elle avait connu elle aussi une décote importante qui rendait difficiles des emprunts de dix ans à un taux moindre que 7 %. Les milieux financiers s'inquiétaient particulièrement de la question des finances de l'État, de sa difficulté à aller chercher ses impôts et ses taxes et à contrôler ses dépenses.

6- Répercussions sur la monnaie européenne

Même si les expériences des cinq pays mentionnés sont différentes, on peut affirmer qu'elles ont eu une influence importante sur le taux de change de l'euro par rapport au dollar américain. En 2008 et 2009, au moment où les États-Unis connaissaient les moments les plus difficiles de leur crise financière, l'euro pouvait valoir certains mois jusqu'à 1,57 $ américain. En juillet 2010, au pire de la crise de la Grèce, il est descendu à 1,27 $. Après une remontée à 1,48 $ en mai 2011, il se retrouva douze mois plus tard à 1,22 $. Si les problèmes de la Grèce ont été fortement commentés, il ne faut pas oublier que celle-ci ne représentait que 1 % de l'économie de la zone euro et n'ébranlait pas le système financier européen. Les difficultés de l'Italie et de l'Espagne, troisième et quatrième puissances économiques de l'Europe, constituaient des défis plus importants et amenèrent des réflexions sérieuses sur le sort de l'euro et de sa zone, qui, selon les dernières projections du FMI, était en récession au dernier trimestre de 2012 et se détachait, de manière négative, des tendances de l'économie américaine qui, en 2013, prenait du mieux.

L'urgence de la situation était confirmée. On comprend qu'il ne s'agissait plus seulement pour les dix-sept pays de cette zone d'aider les plus faibles d'entre eux, mais de réviser leur mode de fonctionnement et de chercher des solutions plus systémiques. Parmi celles-ci, la recherche d'un rééquilibrage économique entre les pays du Nord et ceux du Sud devenait indispensable, tout autant qu'une meilleure intégration économique, qui ne pouvait se réaliser que par un renforcement de politiques communes. En novembre 2012, Angela Merkel, la chancelière allemande, plaida pour une plus grande intégration budgétaire, une réglementation harmonisée des marchés financiers et une refonte de l'euro. Elle évoqua un chantier de plusieurs années pour surmonter tous les effets négatifs de la crise et corriger les façons de faire qui l'avaient causée. Réussira-t-elle à convaincre les gouvernements, les régions et les peuples du bien-fondé de son projet ? Sera-t-il possible d'associer à son projet de réforme les pays de la Communauté européenne qui ont leur propre monnaie ?

Pendant que l'Europe s'interrogeait sur son avenir, les États-Unis devaient affronter les conséquences de leurs politiques intérieure et extérieure.

D- Le précipice fiscal américain : une épée de Damoclès

La dette publique américaine a dépassé les seize mille milliards de dollars à la fin de 2012. Elle avait connu une hausse considérable à la suite de la guerre en Irak et en Afghanistan et, dans un second temps, lors de la prise en charge par l'État des excès et des déroutes du système bancaire. Selon le FMI, elle dépassait 100 % du PIB américain. Elle a fait l'objet de la campagne à la présidence en 2012 et a été présentée comme un défi important pour le président Obama à la suite de son élection en novembre. Il faut se rappeler qu'en 2011 il avait négocié avec difficulté une entente avec le Congrès pour relever le plafond de la dette, qui était fixé par une loi et que l'on ne pouvait outrepasser sans un amendement explicite. Cette entente se terminait le 1er janvier 2013 et elle prévoyait que, s'il n'y avait pas un nouveau pacte budgétaire entre le Congrès et la présidence avant cette date, une barrière, appelée communément « précipice fiscal » ou « falaise fiscale », obligerait le gouvernement à procéder à des compressions importantes des dépenses et à des hausses d'impôt qui pourraient, à nouveau, conduire les États-Unis et, ultimement, le monde entier en récession. Après de longues et rudes discussions à la fin de décembre, le Congrès majoritairement républicain et le président reportèrent le débat sur les réductions budgétaires au 1er mars. Mais aucune entente ne fut réalisée avant cette date fatidique. Depuis lors, des compressions budgétaires automatiques déterminées en 2011 sont entrées en vigueur. On s'attend à la perte d'un demi-point de croissance du PIB. Sept cent mille emplois sont compromis. De nombreux programmes d'aide sociale sont touchés.

Si l'on considère le poids de la dette publique évaluée soit en absolu, soit dans son rapport au PIB, la situation des États-Unis semble aussi périlleuse que celle de certains pays évoqués précédemment. Cependant, ce qui sauve les Américains et qui est fort étonnant, c'est la force de leur dollar, qui demeure un refuge important en ces temps de bouleversement économique, politique et social du monde. Tout le monde en veut. La Chine et le Japon, qui possèdent la moitié de la dette publique extérieure des États-Unis, soutiennent cette monnaie pour ne pas subir de pertes. Les élites et les gouvernants des pays en difficulté désirent, grâce au dollar américain, protéger leurs avoirs. Il en est de même de tous ceux qui profitent des paradis fiscaux, du marché noir ou de la corruption. C'est ainsi que l'intérêt sur les obligations américaines d'une échéance de dix ans demeure à des niveaux très bas, moins de deux pour cent, et allège le poids de la dette. Certaines grandes institutions financières achètent même des obligations d'une échéance de cent ans sur la dette fédérale américaine et y trouvent leur profit, tout en se sentant en sécurité. On est très loin des taux imposés à la Grèce, à l'Espagne ou à l'Italie. En outre, il ne faut pas oublier que ce sont les Américains eux-mêmes, privément ou au sein de leurs institutions, qui possèdent, sous forme d'obligations ou autrement, une grande partie de cette dette publique et qu'ils manifestent une grande confiance et une grande fierté envers leur pays.

Cette dernière explication, si elle est nécessaire, n'enlève pas toute inquiétude par rapport à la dette américaine et à ses possibles conséquences sur l'économie mondiale. La complexité du cadre politique des États-Unis conduit à certains blocages budgétaires et fiscaux. Sur les principaux enjeux à venir, la population est divisée en deux camps presque égaux. Les positions idéologiques prennent de plus en plus de place dans les débats. Comment les États-Unis ainsi déchirés pourront-ils exercer leur rôle sur un échiquier mondial marqué par la montée de la Chine et de grands pays émergents?

Conclusion: un biais à corriger

Au terme de ce retour sur la crise financière qu'ont traversée l'Amérique du Nord et la Communauté européenne entre 2007 et 2013, on retient, sans doute, l'aspect systématique de la crise, son ampleur et sa durée. On reconnaît certaines causes communes : la déréglementation du système financier, l'excès ou le manque de liquidités, l'ingénierie financière irresponsable. On identifie des premiers responsables : les banques et les institutions financières, les agences de notation, les gouvernements. On perçoit des traits communs aux communautés, soit l'endettement, et aux différents acteurs, soit l'attrait de l'argent vite fait. On déplore les baisses du PIB, l'augmentation de la dette et des taux d'intérêt imposés sur celle-ci. On reconnaît que c'est l'ensemble des citoyens, par leurs taxes et leurs impôts, qui paieront la note, plutôt que ce soient les institutions financières et leurs responsables.

Pour établir ce bref récit, nos informations nous viennent des pages financières de divers médias, des rencontres et des séminaires avec des responsables de régimes de retraite et des conseillers financiers, de textes de Wikipédia. Nous reconnaissons que l'analyse présentée dans ce premier chapitre comporte ainsi un biais financier important et ne tient pas suffisamment compte des souffrances des populations. Nous essaierons d'en rendre compte dans les pages qui suivent.

2

LES GRANDS PERDANTS

PLUS QUE LES TRAVAUX DES SCIENTIFIQUES, la littérature, le cinéma et la télévision font connaître au monde le malheureux sort des hommes, des femmes et des enfants au moment des crises financières et économiques. Les chefs-d'œuvre du cinéma, tels que *Les temps modernes* de Charlie Chaplin et *Les raisins de la colère* de John Ford, sensibilisent les spectateurs à certaines expériences vécues pendant la crise de 1929 aux États-Unis. La satire de Charlot, travailleur exploité et déprimé, chômeur sans dignité, et de sa compagne emprisonnée parce qu'elle a volé du pain pour se nourrir marque encore notre imaginaire. L'histoire de la famille Joad, chassée de son domaine par des banquiers qui prennent possession de ses terres et de ses biens fonciers, n'est pas très éloignée de celle de toutes ces familles qui ont dû quitter leur maison à la suite de la crise des *subprimes*. Les cinéastes actuels ne nous ont pas encore offert d'œuvres remarquables traitant des conséquences humaines, familiales et sociales de la dernière crise. Ils n'ont produit jusqu'à maintenant que des documentaires et quelques œuvres de fiction sur Wall Street, le capitalisme et la malversation. Les grands médias eux-mêmes continuent souvent de traiter des aléas du système financier au quotidien sans analyse. Ils s'intéressent au taux de chômage comme indicateur économique, de la même façon qu'ils le font pour le prix de l'or et du pétrole, les taux d'intérêt, les indices boursiers, la valeur du dollar canadien et américain ainsi que de l'euro.

Dans ce deuxième chapitre, nous aimerions porter d'abord notre attention sur les grands perdants de la crise économique actuelle, les personnes qui sont touchées dans leur quotidien et quelquefois même dans leur dignité. Nous ne saurons certes le faire aussi bien que les artistes engagés le font à l'occasion, mais nous invitons le lecteur à prêter lui-même attention autour de lui, à laisser son regard pénétrer cette réalité. Nous nous intéresserons aussi aux pratiques collectives de justice et de responsabilité sociale et politique qui ont été mises à mal au cours des dernières années par une idéologie néolibérale et individualiste.

A- Les chômeurs

« Non vraiment j'en reviens à mon sentiment premier
L'infaillible façon de tuer un homme
C'est d'le payer pour être chômeur
Et puis c'est gai dans une ville
Ça fait des morts qui marchent. »

Félix Leclerc, *Les 100 000 façons de tuer un homme.*

On peut se disputer longuement au sujet de la définition du « chômage » ou du « chômeur ». On peut admettre que les frontières entre l'inactivité, le chômage et le travail ne sont pas toujours faciles à tracer. Chaque pays a sa définition et sa façon de catégoriser les chômeurs, selon le niveau de développement de son économie. Même deux pays aussi proches que le Canada et les États-Unis diffèrent quant à la façon de déterminer le taux de chômage. Au Canada, jusqu'à tout récemment, l'allocation liée au chômage saisonnier était une façon de soutenir certains types d'emplois. Pour notre propos, rapprochons-nous de la définition du Bureau international du travail (BIT) : le chômeur est une personne de plus de 15 ans qui est sans travail, qui est disponible pour travailler et qui recherche un emploi. Ce terme désigne aussi un jeune ou une femme qui n'a jamais eu un emploi, mais qui désire accéder au marché du travail.

La crise financière a provoqué dans les pays développés une augmentation importante du chômage.

Aux États-Unis, le chômage est passé de 4,5 % en octobre 2007 à 10 % en octobre 2009 et à 7,5 % en mars 2013. Au cours des quatre dernières années, on a dénombré constamment entre 12 et 15 millions de chômeurs. L'OCDE rappelait que le taux de chômage chez les jeunes Américains de 15 à 24 ans était passé de 10,5 % en 2007 à 18,4 % en 2010. Près de 400 000 personnes de tous âges s'inscrivaient à l'assurance-chômage chaque semaine. Même au moment où l'on connaissait une lente reprise aux États-Unis, à la fin de l'année 2012, près de 350 000 personnes remplissaient des formulaires chaque semaine, car la population américaine continue à croître à un rythme plus rapide que les emplois. Il faut aussi comprendre que certaines personnes, qui avaient arrêté de chercher de l'emploi devant la détérioration de la situation économique et avaient par conséquent cessé d'être considérées comme chômeurs, se sont remises à la recherche d'un travail et gonflèrent le nombre de la nouvelle cohorte de chômeurs, de la même façon qu'elles l'avaient réduite statistiquement au plus fort de la crise économique américaine.

La crise financière est arrivée plus tardivement en Europe, mais elle a fait plus de dégâts, particulièrement dans les pays qui avaient profité d'un certain boum immobilier. En juillet 2012, plus de 25 millions d'hommes et de femmes étaient en chômage. De 2008 à mars 2013, le taux de chômage était passé de 11,4 % à 26,7 % en Espagne. Il avait plus que triplé en Grèce, passant de 7,4 % à 26,8 %. Il avait plus que doublé en Irlande et au Portugal et dépassait les 10 % en France, en Italie et en Pologne. Chez les jeunes, la situation était catastrophique. Dans la zone euro, ils étaient 3,5 millions au chômage en septembre 2012 : 23,3 % d'entre eux se cherchaient du travail, mais en Espagne et en Grèce, les taux de chômage des jeunes étaient respectivement de 54,2 % et de 55,6 %.

Ces chiffres parlent d'eux-mêmes, mais ils ne disent pas tout. On ignore le nombre de personnes qui dépendent de chacun des chômeurs, le nombre d'enfants mis en cause indirectement, le nombre de familles ébranlées, le nombre de travailleurs autonomes fragilisés par la condition financière de leur clientèle. Dans le film québécois *Le vendeur*, on voit comment tout un village, construit autour d'une papetière, est touché peu à peu par une grève qui conduira à la fermeture de l'usine. Malgré les expressions de solidarité se jouent de véritables drames humains. Graduellement, les différents commerçants du village se retrouvent en difficulté. Le désespoir atteint un couple écrasé sous les dettes. La situation évoquée dans ce petit coin de pays par le cinéaste n'est qu'un exemple qui trouve son pendant dans tous les lieux où sévit le fléau du chômage, lequel atteint les personnes non seulement dans leur situation financière, mais le plus souvent dans leur dignité, dans leur rapport avec les autres, avec leurs proches et avec elles-mêmes. Dans les cas de taux de chômage endémique et de longue durée, les gouvernements semblent avoir perdu le contrôle ou ne pas posséder les outils nécessaires à une réactivation de la vie économique. Ce ne sont plus seulement des individus et des familles qui sont touchés, mais des populations qui perdent foi en elles-mêmes et en leurs institutions. Elles vivent une dépression qui ne se mesure pas d'abord par la chute du PIB, mais par la souffrance, par les drames, par l'indignation, par la révolte. Comme le chante Félix Leclerc, le chômage, « ça fait des morts qui marchent ».

Dans la seconde partie du XXe siècle, les gouvernements de la Communauté européenne s'étaient donné des politiques d'intervention pour aider des régions touchées par le chômage ou pour relancer l'économie nationale. Ils avaient aussi prévu des politiques d'assurance-chômage et d'accès à l'emploi. Mais, depuis l'éclatement de la bulle financière et l'augmentation en parallèle du chômage, non seulement ces politiques ont semblé insuffisantes, mais la situation financière des pays les plus touchés les a amenés à réduire leurs interventions en vue du développement et du soutien aux régions et aux industries, et même à sabrer leurs programmes d'assurance-chômage. La durée de l'assistance gouvernementale est réduite au moment même où les chômeurs font face à un manque d'accès à l'emploi et où, dans l'Union européenne, plus de quatre demandeurs d'emploi sur dix sont en chômage depuis plus de 12 mois, selon l'OCDE. Ces derniers se retrouvent sans l'aide attendue et doivent subvenir à leurs besoins en pigeant dans leur épargne et en s'endettant. Des familles vont même jusqu'à se regrouper dans un même logement, vivant dans une promiscuité et dans une dépendance qui sont malsaines.

Même dans un pays comme le Canada, qui est en bonne situation financière et économique et dont le taux de chômage a été à son maximum à 8,7 % en août 2009 et autour de 7,5 % en janvier 2010 et à 7,2 % en mars 2013, le gouvernement conservateur cherche à modifier la loi de l'assurance-chômage et à en restreindre la portée, même si cette assurance est payée par les travailleurs et les employeurs. Son projet de réforme atteint spécialement les travailleurs saisonniers et les régions périphériques de l'Est du pays, dépendantes de la pêche et du tourisme. Il met en péril l'existence de villages et l'occupation du territoire. L'attention aux populations et aux personnes, à leur devenir et aux conséquences de leur regroupement dans les enclaves délabrées de grandes mégapoles ne semble pas être présente dans les prises de décisions, malgré les échecs répétés d'expériences similaires dans le passé. La seule rationalité économique et financière semble jouer. Le sort des personnes et des regroupements humains est considéré comme un dommage collatéral inévitable et impondérable. Il en est ainsi lorsque l'on adopte des politiques d'austérité ou que l'on procède à des déplacements d'usines ou à des ventes d'entreprises à des étrangers qui n'ont d'autre but que les fermer pour diminuer la concurrence. Les chômeurs, c'est la quantité négligeable qu'on ne peut éviter dans ces opérations, mais dont on ne sait que faire. Ce sont des morts-vivants, victimes innocentes des guerres économiques, des crimes financiers et des malversations de tout genre.

B- Les pauvres

« Les pauvres sont su'l'bien-être
Les pauvres r'gardent par la f'nêtre
Les pauvres, y ont pas d'eau chaude
Checkent les pompiers qui rôdent
Les pauvres savent pas quoi faire
Pour s'sortir d'la misère
Y voudraient ben qu'un jour
Qu'un jour, enfin, ce soit leur tour. »

Plume Latraverse, chansonnier

Il n'est pas facile de préciser ce qu'est un pauvre. Les dictionnaires vont utiliser différents termes pour le décrire : celui qui n'est pas riche, celui qui est sans ressources, qui ne possède rien, qui connaît une insuffisance de ressources matérielles. On évoque comme synonyme: l'indigent, le démuni, le nécessiteux, le miséreux, le mendiant. Le *Petit Robert* 2009 a introduit le terme «nouveaux pauvres» pour désigner les victimes récentes des crises économiques et du chômage. Plume Latraverse, dans sa chanson, décrit à sa façon les pauvres: ils n'ont pas d'argent, ils n'ont rien à faire, ils ne savent pas comment s'en sortir, ils sont souvent malades, ils ont du vieux linge, ils couchent dehors, ils sont maigres comme des manches de pelles, ils dépendent des secours publics. Le chansonnier parle de ceux que l'on rencontre au coin des rues, les itinérants qui ont un chien et qui se font arrêter par la police pour le moindre geste déplacé.

D'autre part, chaque pays a sa propre façon de définir qui est pauvre sur le plan statistique et d'établir un seuil minimal de revenu qui rend possible l'accès à différents secours et à des politiques publiques, toutes différentes les unes des autres. Il est difficile de comparer la situation d'un pays à l'autre et de percevoir de façon commune les incidences de la crise sur la situation des pauvres. Si c'est de façon continue que l'on peut avoir accès à l'état des indices boursiers et même des principaux titres, si c'est hebdomadairement dans certains pays ou mensuellement dans la plupart que l'on peut connaître par les médias les taux de chômage avec quelque retard, ce n'est qu'à certains intervalles irréguliers et, la plupart du temps, par l'intermédiaire d'organismes de recherche étatiques ou privés que l'on a accès à la connaissance de la situation de la pauvreté et de son évolution dans diverses contrées. Voyons comment on cherche à rendre compte de ce phénomène dans des pays touchés de diverses façons par la crise: l'Europe, les États-Unis et le Canada.

1- En Europe

Dans *Le Devoir* du 27 décembre 2012, Sylvie Groult, de l'Agence France-Presse, constatait que des millions d'Européens avaient été happés par la pauvreté en 2012:

> Étranglés par le chômage et la rigueur, des millions d'Européens ont basculé cette année dans la pauvreté qui frappe les classes moyennes, ébranle la cohésion sociale et atteint des groupes jusque-là préservés, comme les femmes et les enfants.

Le 3 janvier 2013, le même journal, à partir d'un article provenant du journal *Le Monde,* titre: « Un quart de la population européenne est menacée par la pauvreté. » Eurostat constate qu'en Grèce 31 % des habitants étaient en danger de pauvreté et d'exclusion en 2011, contre une moyenne européenne de 24,2 %. L'Unicef a recensé 2 200 000 enfants vivant sous le seuil de la pauvreté en Espagne. Au Portugal, le ministère de l'Éducation a révélé, à la fin de novembre 2012, qu'en moins de vingt jours le nombre d'élèves souffrant de carence alimentaire était passé de 10 000 à près de 13 000. En Italie, on a fait grand cas d'un chômeur qui s'était immolé par le feu, symbole de toute la détresse vécue par ces populations victimes de la crise. Les politiques d'austérité, qui réduisent les ressources accordées aux domaines de l'éducation, de la santé et des secours directs, sont maintenant considérées comme la cause première de l'élargissement du phénomène de la pauvreté à la classe moyenne et aux enfants.

L'Observatoire national de la pauvreté et de l'exclusion sociale (ONPES) de France a remis dernièrement son rapport 2011-2012 intitulé *Crise économique, marché du travail et pauvreté.* Ce document de 134 pages est facilement accessible sur Internet et présente de nombreuses statistiques et analyses. Dans un premier volet, à partir d'une vingtaine d'indicateurs, on y constate, depuis l'année 2004, l'accroissement de la pauvreté et de l'exclusion sociale. Le second chapitre présente les effets potentiels de la crise financière et économique sur l'emploi, sur le système de protection sociale, sur la précarité. L'étude est précise et des plus intéressantes. Elle démontre que le système de garantie sociale français, malgré le bien qu'en disent certains ou sa générosité que d'autres contestent, n'arrive pas à jouer son rôle de rempart contre la pauvreté et l'exclusion sociale lorsque le nombre de bénéficiaires s'accroît sensiblement. L'augmentation du chômage de longue durée, le retard pris par les jeunes sans qualification pour accéder à l'emploi accroissent le nombre des personnes actives éloignées du marché du travail, voire découragées de toute reprise d'activités. On constate l'augmentation importante du nombre de personnes de tout âge qui passent « de l'insécurité professionnelle ou familiale à la grande précarité, du cercle de la pauvreté vers celui de la pauvreté profonde et durable ». Elles deviennent des exclues. Leurs chances de s'en sortir sont très faibles. Non seulement elles sont éloignées du marché du travail, mais elles sont aussi souvent handicapées en matière d'éducation, de logement stable, de santé. Elles se retrouvent dans une position qui ne leur permet pas d'accéder aux droits essentiels qui leur sont reconnus et aux services qui leur sont offerts. Elles ne rencontrent pas assez, chez les intervenants sociaux et dans les institutions pertinentes, l'accueil, la souplesse et la reconnaissance indispensables à leur réinclusion dans la société. Les auteurs du rapport de l'ONPES se donnent comme défi d'observer plus systématiquement la situation des personnes les plus pauvres et des groupes les plus vulnérables afin sans doute de proposer dans un prochain rapport des interventions mieux adaptées à leurs conditions. Ils porteront attention aux familles monoparentales, aux jeunes et aux adultes isolés sans qualification professionnelle, aux femmes âgées de plus de 75 ans, aux migrants et aux étrangers dans ces groupes, aux étudiants pauvres, aux populations des départements d'outre-mer. La crise a mis en évidence que les politiques sociales universelles ne répondent pas efficacement aux besoins de ces personnes touchées plus directement par l'évolution démographique et sociale de la société et par les conditions particulières du marché du travail.

2- *Aux États-Unis*

Le dernier rapport du Bureau américain de recensement, publié en 2011, établit que le nombre de pauvres est passé de 31,6 millions à 46,2 millions de 2000 à 2010. Le taux de pauvreté a été évalué à 11,3 % de la population en 2000, à 12,5 % en 2007 et à 15,1 % en 2010. Pendant la crise de 2007 à 2010, le nombre de pauvres s'est accru de près de 10 millions, alors que le seuil de pauvreté mensuel était fixé à 928 $ pour une personne seule et à 1185 $ pour un couple sans enfant. Le recensement établit aussi que 20 millions de ces personnes pauvres connaissaient une extrême pauvreté, ayant moins de 500 $ par mois pour vivre, soit à peine plus de la moitié de ce dont disposent les personnes reconnues pauvres par les statistiques. Un grand nombre d'entre elles étaient des Hispaniques ou des Afro-Américains. Le Mississippi était l'État qui comptait alors la plus grande proportion de pauvres : 22,7 %, selon le Bureau du recensement. Dans ce palmarès de la pauvreté, il était suivi de la Louisiane, du District de Columbia, de la Géorgie, du Nouveau-Mexique et de l'Arizona.

3- Au Canada

À l'occasion de la période des fêtes de Noël 2012, bien que le Canada ait été moins touché par la crise, les journaux canadiens et québécois se sont fait l'écho d'un constat. Il y a plus de personnes que jamais qui ont recours à l'aide alimentaire. L'organisme Banques alimentaires Canada fait des sondages d'un bout à l'autre du pays depuis 1989 auprès des services de dépannage. Lors de la récession de 2008, on avait observé une augmentation de 22 % de la demande. Malgré la reprise économique, en mars 2012, 861 775 personnes ont reçu de l'aide alimentaire. Parmi elles, 10 % avaient un revenu d'emploi. Leur salaire était insuffisant compte tenu du haut coût de la vie qui sévissait non seulement dans les grandes métropoles, mais aussi dans les régions éloignées. Le cas extrême est celui des citoyens du Nunavut, la région nord du Canada, peuplée très majoritairement par les autochtones. En effet, ils dépensaient pour la nourriture deux fois plus d'argent par année que la moyenne canadienne à cause de la cherté des aliments, qui proviennent majoritairement du Sud.

Les refuges pour les sans-abris sont aussi débordés. On y retrouve de plus en plus de jeunes et de femmes qui s'ajoutent à la population traditionnelle. À la Maison de l'Auberivière, à Québec, en décembre 2012, il y a eu une augmentation de 45 % des nuitées offertes. Les demandes d'accueil provenaient pour un tiers des gens âgés de plus de 40 ans qui constituaient auparavant la plus grande partie de la clientèle et qui étaient souvent des personnes touchées par certaines dépendances à la drogue et à l'alcool. Les deux autres tiers de la population comportaient des personnes de 25 à 40 ans et des jeunes de moins de 25 ans qui n'arrivaient plus, pour des périodes plus ou moins longues, à subvenir à leurs besoins. Ce foyer d'accueil est pourtant situé dans la ville de Québec, qui connaît un des plus bas taux de chômage au Canada. Là comme ailleurs, on constate un étiolement de la classe moyenne et un taux élevé d'endettement des individus et des familles qui permet difficilement de passer à travers une épreuve, fût-elle de courte durée.

Chaque lecteur peut ajouter des éléments à ce portrait de la situation, à partir de ses observations dans son coin de pays, de sa participation à des opérations de secours ou d'entraide, de son engagement après des victimes de la crise financière, de son attention aux personnes qui sont aux prises avec une paupérisation grandissante.

C- Les retraités

« L'inquiétude amène la vieillesse avant le temps. »

Ben Sira, juif érudit, IIe siècle avant Jésus-Christ

Au Québec, lorsque les retraités ont appris que la Caisse de dépôt et placement avait perdu en 2008 près de 40 milliards de dollars et connu un rendement de -25 %, ils s'inquiétèrent à juste titre. La CDP gère, entre autres, les fonds du Régime de rente du Québec (RRQ), auxquels cotisent obligatoirement tous les employeurs et employés. Joint aux pensions de vieillesse offertes par le Gouvernement fédéral canadien, le RRQ assure un minimum de revenus aux travailleurs retraités. La Caisse est aussi responsable des placements des dépôts des Régimes de retraite des employés et des cadres de la fonction publique, de l'enseignement, de la santé et des services sociaux de même que des Régimes de retraite des employés de la construction, des policiers et des élus municipaux. Tous ces régimes sont complémentaires aux régimes de base et sont capitalisés à partir des cotisations des employés et de l'apport du gouvernement du Québec. La plupart d'entre eux garantissent une prestation déterminée par le salaire et par le nombre d'années de participation au régime concerné. Pour beaucoup de citoyens et de citoyennes, la CDP a ainsi la responsabilité de la très grande partie du patrimoine qui devrait assurer leur bien-être à la retraite. Sa performance en 2008 a soulevé de nombreux doutes. Qu'arriverait-il à bon nombre de Québécois dont l'épargne en vue de la retraite était gérée par la CDP ? Leur pension serait-elle réduite ? L'indexation de celle-ci serait-elle remise en question ? Et pour les travailleurs encore au boulot, les conditions d'accès à la pension seraient-elles changées ? Serait-elle retardée ?

Ces questions, malgré certaines garanties réaffirmées, se posaient d'autant plus que déjà, depuis quelques années, au Québec, on s'interrogeait à la fois sur la pérennité des régimes de retraite à prestation déterminée, sur la forte disparité des conditions des retraités, sur le bas taux des allocations de base des régimes plus universels, et de façon générale sur le faible niveau d'épargne des Québécois en vue de la retraite. Autrement dit, la crise financière de 2008, qui avait causé les pertes importantes subies par la CDP, la difficile reprise boursière causée par la crise économique qui a suivi et le taux d'intérêt extrêmement bas des obligations canadiennes et québécoises, dans le but de favoriser la reprise et la lutte contre le chômage, obligeaient les gouvernements, les syndicats, les entreprises et les citoyens et citoyennes à accélérer leur réflexion sur ces questions. Tous devaient cesser de remettre à plus tard des prises de décisions exigeantes mais urgentes pour consolider la situation des retraités et évacuer les doutes qui les tourmentaient.

On savait déjà, avant la crise, que la démographie nous rattraperait tous. Le taux de natalité avait connu une baisse majeure. On ne pourrait plus compter sur l'augmentation rapide de la population pour payer les retraites. Les gens seraient plus longtemps que prévu à la retraite, puisque leur espérance de vie augmentait. On soupçonnait qu'il ne serait plus possible de conserver des taux de cotisation très bas et de recourir, dans les bonnes années, à des congés de cotisation, comme on l'avait fait antérieurement. On devrait aussi réviser les coûts élevés des départs à la préretraite et être plus attentif dans l'utilisation des tables de mortalité, qu'on tardait souvent à adapter à la réalité. On mettait même en question l'indexation des rentes, qui permettait aux retraités de combler les déficits de revenus causés par l'inflation. Dans l'établissement des prévisions de rendement des caisses de retraite, on aurait à tenir compte de la forte volatilité des marchés et de la multiplication des crises au long des dernières décennies.

Au cours des six dernières années, nous avons présidé le régime de retraite des cadres de la fonction publique et parapublique. On y est passé d'une proportion de 7 cotisants pour un retraité à 1,2 cotisant pour un retraité. Les membres du Comité de retraite ont été très attentifs à cette évolution et à la capacité du régime d'assurer les retraites promises. Ils ont procédé à des études et ont établi un plan à long terme de gestion du passif de leur régime. Les cotisations des participants actifs ont été augmentées progressivement pour être portées à 12,3 % en janvier 2012. Les règlements ont été changés pour retarder l'âge de la retraite et pénaliser plus fortement ceux qui prenaient des préretraites. Une nouvelle politique de placement a été adoptée avec l'aide de la CDP, qui a elle-même procédé à un réalignement adéquat de ses portefeuilles, mais le Régime demeure sous-capitalisé et exige une attention continue malgré le redressement de la CDP et ses bons rendements des trois dernières années. Malgré tout, les participants à ce Régime sont parmi les mieux protégés au Québec. Leur employeur est l'État, et ils sont représentés par des associations fortes qui assurent une vigilance, une information et une formation constantes. L'inquiétude qui demeure est saine dans la mesure où elle rend les divers intervenants plus vigilants ; malheureusement, elle peut quand même être préjudiciable à certains retraités qui, pour une raison ou l'autre, vivent une forte insécurité.

Il existe, dans le privé, des régimes complémentaires de retraite qui ont été plus lourdement touchés par la crise. La situation économique difficile et un certain courant de pensée dans l'industrie financière ont poussé beaucoup d'employeurs à changer le statut de leur régime. Ils sont passés d'un régime à prestation déterminée ou garantie à un régime à cotisation déterminée. Ils continuent à payer ce qui est souvent l'équivalent de la cotisation des employés, mais ils ne gardent plus la responsabilité de la garantie de la rente acquise. Celle-ci est tout à fait dépendante du rendement des marchés et de la qualité du gestionnaire auquel on confie l'argent accumulé. Prendre sa retraite après une forte dévaluation des marchés et une perte de capital peut être très coûteux pour un participant à ce genre de régime. Dans un séminaire organisé à l'intention des responsables de régimes de retraite, on a présenté le cas suivant : un chargé de cours qui avait prévu quitter son emploi le 31 décembre 2008 devra travailler sept ans de plus pour recevoir une rente équivalente à celle de l'employé qui avait quitté un emploi similaire, avec la même expérience, avant la crise de 2007 : le capital accumulé pour payer sa rente avait subitement fondu.

On peut affirmer sans se tromper que toutes les personnes qui participaient à un régime à cotisation déterminée au moment de la crise se trouvaient dans une position inconfortable, qu'elles soient au bord de la retraite ou retraitées. Elles sont en attente d'une remontée de la bourse qui se laisse désirer. Il en est de même pour ceux et celles qui n'avaient pas de régimes complémentaires de retraite et qui ne pouvaient compter que sur leurs épargnes personnelles dans un Régime enregistré d'épargne retraite ou dans des Fonds de placement personnel ou mutuel qui étaient tous liés à la performance du marché boursier et sensibles aux effets négatifs de la crise. Enfin, il ne faut pas oublier tous ces travailleurs qui ont subi les contrecoups de fermetures d'entreprises et qui ont ainsi vu disparaître ou diminuer leur protection pour la retraite. Dans certains cas, on a assisté à un véritable chantage : il fallait accepter que l'employeur se désiste totalement ou partiellement de ses responsabilités envers le régime de retraite ou assister à une fermeture d'usine. Il ne faut pas s'étonner que, dans ces cas, l'inquiétude ait fait place à la colère.

En terminant, on ne peut négliger d'évoquer toutes les personnes, et particulièrement les femmes seules, qui n'ont pas accédé au marché du travail et qui n'ont d'autre revenu de retraite que la pension de vieillesse et, lorsqu'elles savent se débrouiller, le supplément de revenu garanti octroyé par le gouvernement fédéral. Elles ne sont pas plus inquiètes que d'habitude, il n'y a rien de changé pour elles. Elles demeurent parmi ces personnes qui désespèrent de l'amélioration de leur sort.

Le lecteur peu initié ou étranger à cette réalité trouvera sans doute assez complexe cette incursion dans le dédale de la gestion de la retraite au Québec, qui repose sur quatre piliers : une pension fédérale accessible à tous, basée sur la répartition des ressources entre générations, mais sujette à l'impôt dans le cas des plus favorisés et légèrement plus élevée pour les personnes les moins favorisées ; un régime de rente obligatoire pour tous les travailleurs ; des régimes collectifs complémentaires à prestation déterminée ou à cotisation ; des plans privés d'épargne dont certains sont reconnus et favorisés par l'État sur le plan fiscal.

En avril 2013, le Comité d'Amours – du nom de son président – a déposé un rapport qui fait le point sur la retraite. Il reconnaît l'importance de conserver les diverses sources qui favorisent le financement des retraites, mais il s'inquiète de leur incapacité à répondre aux besoins de tous et de l'impact intergénérationnel de la situation. Il propose une vingtaine de recommandations qui feront l'objet d'une Commission parlementaire. En mars, l'Institut de recherche d'information économique (IREQ) a publié sa propre analyse sous le titre *Système de retraite au Québec et au Canada : constats et solutions.* Il est à espérer qu'à la suite du débat public des décisions seront prises dans les meilleurs délais par le gouvernement du Québec.

Portons maintenant un regard sur la situation d'autres pays qui partagent largement l'inquiétude des Québécois.

Les pays de l'OCDE durement touchés

Dans un texte de l'OCDE daté de 2009 et intitulé *Les systèmes de retraite face à la crise,* on rappelle ceci :

> Dans les pays de l'OCDE, la crise a durement touché les fonds de pension, dont les investissements se sont dépréciés de 23 % en moyenne en 2008 [situation très proche de la CDP, qui a connu une dépréciation de 25 %], ce qui représente environ 5 400 milliards de dollars américains.

Les pays dont les fonds ont été les plus touchés sont ceux qui avaient une large fraction du portefeuille investie en actions : l'Irlande affichait la plus grande proportion de ces actifs (les deux tiers environ) et a subi la plus grande perte. Les portefeuilles des fonds de pension aux États-Unis, au Royaume-Uni, en Australie et au Canada étaient composés d'actions à plus de 50 %. En 2009, on évaluait que les individus les plus touchés par la crise étaient ceux qui approchaient de l'âge de la retraite et qui avaient cotisé à des régimes à cotisations déterminées privées dont l'exposition à des actifs plus risqués était très forte. Il en était de même des personnes retraitées qui n'avaient pas converti en rente, lors de leur départ à la retraite, le revenu accumulé provenant d'un régime à cotisation déterminée. On considérait alors que toutes les autres personnes n'avaient connu que des répercussions faibles et modérées. On traitait également de différentes mesures prises par les gouvernements pour amoindrir les effets de la crise par différents types d'ajustements.

Cette évaluation des pertes par l'OCDE a précédé les crises de l'euro et des dettes souveraines, qui ne sont toujours pas totalement résolues. Ces dernières rendent plus difficiles les interventions de l'État, qui a mis presque tous ses efforts pour solidifier un système bancaire en grande difficulté. En plus, les conclusions de l'analyse de l'organisation ne pouvaient tenir compte de l'augmentation du chômage jusqu'à ses niveaux records de 2012 et de la baisse conséquente des cotisations des travailleurs à leur fonds de pension.

Aujourd'hui, la situation est différente et plus pénible. Alors que la question de la retraite doit être envisagée à long terme par les différents pays, en tenant compte de l'évolution de la démographie, qui n'est pas très différente de ce que nous connaissons au Québec, plusieurs pays se retrouvent dans une situation financière et politique difficile. Les programmes d'austérité qu'on les a obligés à adopter handicapent leur possibilité de soutenir leur engagement envers les retraités.

Dans le projet de budget pour l'année 2013, sous la pression de ses créanciers, le gouvernement grec annonça une nouvelle réduction proportionnelle de 5 à 15 % des pensions de retraite qui dépassent mille euros par mois et repoussa de deux ans l'âge de départ à la retraite (67 ans au lieu de 65) à partir du 1er janvier. Il avait déjà réduit les allocations de retraite les années précédentes. En Espagne, dès 2010, le gouvernement socialiste a gelé les pensions, à l'exclusion des retraites minimales ou inférieures au seuil d'imposition de l'impôt. Dans ces deux pays, qui connaissent, comme on l'a vu, les niveaux de chômage les plus élevés et de plus longue durée, plusieurs personnes sont devenues dépendantes de leurs parents retraités, qui sont les seuls à avoir un revenu régulier et qui partagent bien souvent leur résidence et leur subsistance avec ceux des leurs qui sont les plus démunis. Toucher à la pension des retraités, c'est souvent toucher au dernier recours des laissés-pour-compte.

En Italie, le gouvernement Monti a augmenté lui aussi le nombre d'années de travail nécessaires pour accéder à la retraite, les portant à 41 ans pour les femmes et 42 ans pour les hommes. Il a aligné l'indexation des retraites sur l'inflation en 2012 et 2013 (qui était négative, puisqu'on était en récession), tout en exemptant les plus faibles de cette coupure. Désormais, le calcul de la pension ne se ferait plus à partir des dernières années de salaire de l'employé (les meilleures), mais il serait fondé sur l'ensemble des salaires de la carrière, comprenant les salaires les plus faibles du début. Enfin, on ajoute une période de flexibilité pour le départ à la retraite, ce qui permet aux femmes et aux hommes de rester au travail jusqu'à 70 ans tout en bénéficiant de certains avantages. Le Portugal pour sa part a connu diverses mesures d'austérité ou de rigueur : impôt de solidarité pour ceux qui reçoivent des prestations de retraite supérieures à 1350 euros par mois ;

ticket modérateur en santé ; réduction de certaines allocations pour les personnes malades ; diminution des services sociaux.

Ces différentes mesures ont conduit, dans chacun de ces pays, à des manifestations sociales importantes dont les médias ont largement rendu compte. Elles ont répandu aux pays environnants l'inquiétude par rapport à la retraite. Les prises de position fermes, rapides et unilatérales des chefs de gouvernement réclamées sinon exigées par l'Union européenne et par les milieux financiers et patronaux vont rendre plus difficile à moyen terme l'établissement, dans un climat social relativement serein, des consensus en vue de réaliser les réformes absolument nécessaires des régimes de pension dans une Europe vieillissante.

Au-delà de la crise financière et économique, l'OCDE rappelait qu'en 1950, en Europe, il y avait, en moyenne sept personnes d'âge actif pour une personne qui avait dépassé l'âge de la retraite. Ce rapport s'établit aujourd'hui à 4 pour une et s'établira en 2050, en moyenne, à moins de deux personnes pour une de plus de 65 ans, dont l'espérance de vie aura aussi augmenté. Le défi à affronter est de taille et doit interpeller toutes les parties constituantes de la société. Plus on retarde l'examen des diverses solutions possibles et la détermination des voies nécessaires à emprunter sur une assez longue période, plus on risque, en dernier recours, de faire des choix financiers motivés par la panique, lesquels seront désastreux à long terme. La jeune génération, dont on affirme de plus en plus qu'elle sera la première génération à être moins riche que celle qui l'a précédée, aura alors à porter un poids financier inéquitable.

D- La planète Terre

« Un ministre de l'Environnement canadien m'a dit un jour : "Les écologistes doivent comprendre que nous n'avons pas les moyens de protéger l'environnement sans une économie forte en pleine croissance." Ainsi, même un ministre dont la mission première est de protéger l'environnement s'incline devant l'économie et en fait sa priorité absolue. »

David Suzuki, *La planète en héritage*, 2010.

Cette déclaration d'un ministre canadien de l'Environnement exprime bien ce qui s'est passé en Amérique du Nord depuis le début de la crise financière. Le souci écologique s'est éclipsé devant elle et est demeuré absent de plusieurs politiques gouvernementales. Le Canada, qui est un des pays qui a le moins souffert de la situation, est pourtant devenu le seul pays, en décembre 2012, à se retirer officiellement de l'accord de Kyoto sur le climat. Cela n'est pas surprenant, puisque l'incurie de ses dirigeants au cours des dernières années ne lui permettait pas de s'acquitter de ses obligations de réduction des émissions de gaz à effet de serre en vertu du Protocole qu'un gouvernement précédent avait signé.

Le gouvernement Harper n'a pas pris les décisions nécessaires pour réduire les risques climatiques reconnus scientifiquement. On en voit pourtant les effets directs dans l'accélération de la fonte des glaces de l'océan Arctique, dont il prétend pourtant être un des principaux protecteurs. En quelques semaines, il a démantelé des pans entiers du régime canadien de protection de la santé et de l'environnement sous couvert de lois budgétaires (C-38 et C-45) dictées par l'idéologie d'austérité conçue par l'élite financière. Il a retiré toute protection à des milliers de lacs et de rivières au profit des entreprises énergétiques. Il a affaibli les processus d'enquêtes environnementales et réduit sinon annulé le soutien aux activités des groupes écologiques. Il a multiplié les démarches pour défendre et promouvoir l'exploitation des sables bitumineux. Il favorise l'implantation des oléoducs et la mise en place des plateformes pétrolières en mer sans tenir compte adéquatement des risques. Ces orientations gouvernementales touchent particulièrement les populations autochtones et mettent en cause des traités historiques. Elles soulèvent également l'opposition de certaines provinces. Plus fondamentalement, elles expriment un mépris envers l'effort collectif exigé de tous les habitants de la Terre pour relever les défis écologiques fixés par le

Groupe d'experts intergouvernemental sur l'évolution du climat (GIEC) pour la période de 1990 à 2050. Elles reposent sur une certaine vision idéologique de l'économie qui présuppose qu'on finira toujours par trouver les moyens de se tirer des impasses que l'on s'est construites et de régler au moment opportun les problèmes qui touchent les hommes et la planète. Historiquement, cette vision a toujours négligé le sort subi par les populations les plus pauvres et minimisé l'ampleur des dégâts causés. Le phénomène de délocalisation des entreprises, dont on peut mieux aujourd'hui évaluer les conséquences humanitaires, est un bel exemple en ce sens : des populations sont mises à mal dans les pays développés ou exploitées dans l'hémisphère Sud, des problèmes environnementaux et sanitaires sont exportés dans des pays impuissants à les traiter (pollution, maladies industrielles, accidents du travail).

Après le départ du président Bush, qui s'était opposé si fortement aux accords de Kyoto et qui niait plus ou moins directement les conclusions des scientifiques sur les risques climatiques et environnementaux, l'élection du président Obama, qui avait proposé différentes mesures liées aux problématiques de l'environnement, avait été saluée très positivement par tous ceux qui étaient préoccupés par l'avenir de la planète et le sort des populations les plus touchées par le réchauffement climatique.

La crise financière qui a durement touché les États-Unis et l'hostilité du Congrès ont cependant ralenti passablement les ardeurs de la présidence. La volonté du gouvernement américain de devenir indépendant sur le plan énergétique l'a conduit à multiplier à un rythme effréné les installations d'extraction du gaz de schiste sans toujours prendre les précautions nécessaires à la protection de l'environnement. Les investissements publics et privés n'ont pas manqué malgré la crise. On comptait plus d'un demi-million de puits en production en 2011. On a pu constater dans certaines régions, particulièrement en Pennsylvanie, que les opérations de fracturation du schiste par l'eau ont conduit à la contamination des nappes phréatiques. Des études évoquaient aussi des risques de pollution de l'air et de l'eau, de même que de tremblements de terre, à la suite de ces forages. Mais la priorité donnée à l'indépendance énergétique a fait fi de tous les obstacles et de toutes les oppositions.

En ce début de 2013, il semble bien que le président Obama a encore toutes les difficultés à maintenir son refus à la construction de l'oléoduc Keystone XL entre le Canada et les États-Unis dans une région où l'équilibre environnemental est délicat, le Nebraska. La pression qu'exercent les milieux de l'industrie est maintenant plus forte depuis qu'on a modifié quelque peu le tracé de l'oléoduc. Par contre, le passage de l'ouragan Sandy, qui a violemment frappé la côte est américaine en novembre 2012 et qui, selon divers observateurs, a pu jouer un rôle dans la réélection d'Obama, a sans doute fait en sorte que les Américains ont assoupli leurs positions durant les négociations de Doha, où 190 pays ont convenu de trouver, d'ici 2015, un accord global qui permettrait de lutter efficacement contre les changements climatiques. Cet accord engagerait cette fois la Chine et les États-Unis, les deux plus grands pollueurs, à réduire leurs émissions de gaz à effet de serre à partir de 2020. S'il faut se réjouir de ce premier pas, après plusieurs échecs, dont celui de Copenhague, il faut remarquer, d'une part, que les gouvernements américain et chinois peuvent changer leur position d'ici là et, d'autre part, que la crise a favorisé une remise à plus tard de correctifs jugés urgents depuis Kyoto.

Jusqu'à ces dernières années, l'Union européenne (UE) était considérée comme un chef de file dans le domaine de l'environnement. Elle avait adopté un plan d'action précis pour réduire les émissions de gaz à effet de serre de 20 %, gagner 20% d'efficacité énergétique et faire passer à 20 % la part des énergies renouvelables, tout cela avant 2020. Elle avait aussi établi une banque du carbone afin de réaliser ses objectifs tout en tenant compte de la situation fort différente des pays européens. Prenant conscience d'une détérioration plus rapide que prévu du climat, la Commission européenne a suggéré, en 2009, de faire passer les trois objectifs du plan d'action de 20 à 30 %. Elle s'est cependant butée à plusieurs chefs de gouvernement, dont ceux de l'Allemagne et de la France, qui ont évoqué la crise financière et la priorité à donner au développement économique.

À la fin de novembre 2012, la Banque mondiale a publié un rapport qui repose sur une hypothèse basée sur les tendances actuelles d'émissions de gaz à effet de serre. On y affirme qu'on assisterait à une augmentation moyenne du réchauffement climatique de quatre degrés d'ici la fin du siècle, par rapport à l'époque préindustrielle, si l'on se contente des engagements actuels de réduction des émissions de gaz.

> Les conséquences d'un tel changement pourraient être catastrophiques : inondation des villes côtières ; risques accrus pesant sur la production vivrière et qui pourraient conduire à une hausse des taux de sous-alimentation et de malnutrition ; aggravation de la sécheresse dans les zones arides et du niveau d'humidité dans les zones humides ; vagues de chaleur sans précédent ; aggravation sensible des pénuries d'eau ; intensification des cyclones tropicaux ; perte irréversible de la biodiversité.

Toutes les régions du monde seraient touchées, mais le rapport souligne que les plus pauvres sont ceux qui en souffriront le plus. Déjà les médias de masse, de façon régulière, rendent compte de nombreuses situations où des hommes, des femmes et des enfants souffrent de malnutrition, du manque d'accès à l'eau potable, de la destruction de leur logis et du bouleversement de leur village à la suite d'inondations et d'ouragans.

Heureusement, on peut encore corriger la situation climatique par des politiques ingénieuses, partagées et continues, mais le temps presse, et les réflexions entreprises pour sortir de la crise actuelle ne doivent pas être conduites par des considérations à courte vue qui ignorent les liens entre la croissance et la lutte contre les changements climatiques. Le Forum économique mondial, dans son rapport 2013, s'inquiète parce que la crise financière risque de détourner l'attention de la crise en progression que sont les changements climatiques et leurs conséquences. John Drzik, directeur général de la société de consultants à l'origine du rapport, affirme :

> Deux tempêtes, l'une environnementale et l'autre économique, vont finir par entrer en collision si nous n'affectons pas les ressources nécessaires à la réduction du risque grandissant que constituent les évènements climatiques hors normes, car alors, c'est la prospérité des générations futures qui pourrait être menacée.

E- Bref regard sur d'autres pertes collectives

« En politique, le choix est rarement entre le bien et le mal, mais entre le pire et le moindre mal. »

Nicolas Machiavel

Un des premiers programmes à être touchés lors des crises économiques est celui de l'aide aux pays en développement. Peu de pays ont respecté l'invitation de l'ONU de consacrer 0,7 % de leur PIB aux pays en développement en 2010 et en 2011, et un bon nombre n'ont pas versé le 0,5 % auquel s'étaient engagés les membres de l'OCDE. En 2011, la part retenue a été en fait de 0,31 % de leur revenu national brut. En valeur réelle, l'aide aux pays en développement a fléchi de 2,7 % par rapport à 2010, ce qui rompt avec une longue succession d'augmentations annuelles. Elle diminuera de nouveau de 4 % en 2012. Sans entrer dans les détails, il faudrait aussi considérer les orientations différentes prises par différents pays dans leur compréhension de cette aide. Ils revalorisent les relations bilatérales et accordent la priorité aux retombées de l'aide sur l'économie du pays donateur. Au Canada, ces orientations ont été clairement constatées lors de l'évaluation de l'aide accordée à Haïti. Ainsi, on a donné peu d'argent au gouvernement haïtien pour planifier la reconstruction de l'île, mais on a largement appuyé une entreprise québécoise de maisons préfabriquées, qui les exportait là-bas. L'Agence canadienne de développement international (ACDI) soutient de plus en plus les opérations internationales des grandes entreprises canadiennes et réduit le financement des organisations non gouvernementales (ONG) s'intéressant à l'éducation, à la santé et à la promotion des droits.

Il est plutôt difficile de présenter une analyse statistique fine des influences des différentes étapes de la crise sur l'élargissement des écarts entre les revenus des différentes classes de citoyens. Même si certaines études montrent que les plus riches ont subi des pertes importantes au moment de la baisse de la bourse en 2008 – des pertes qu'ils ont réussi à combler depuis –, le constat est sans cesse affirmé : cet élargissement des écarts est un fait. Il conduit à une réduction, sinon à une disparition, de la classe moyenne. Les personnes les plus riches (le fameux 1 % de la population) accaparent une portion de plus en plus grande de la richesse globale, ce qui provoque la révolte du mouvement des *indignés* et rend très difficile la sortie de la pauvreté, qui est souvent associée à l'appartenance à des groupes ethniques. Un rapport de l'OCDE, en 2008, intitulé *Croissance et inégalités* montrait très clairement que l'écart entre les riches et les pauvres s'était creusé dans la majorité de ses pays membres. En 2011, dans une nouvelle étude intitulée *Toujours plus d'inégalité : pourquoi les écarts de revenus se creusent,* l'organisation révèle un nouvel élargissement du fossé dans la plupart des pays membres depuis son dernier rapport. De plus, dans un texte portant sur l'*Étude économique des États-Unis 2012,* elle affirme :

> Le niveau élevé des disparités de revenus implique diverses conséquences potentiellement néfastes sur le plan économique, [dont] une faible mobilité intergénérationnelle… Les inégalités de revenus n'ont cessé de se creuser ces 40 dernières années aux États-Unis.

Les pauvres risquent de rester pauvres de père en fils, de mère en fille, contrairement au mythe américain de la réussite fondée sur la volonté, le talent, l'endurance, selon une étude citée par le *New York Times* en janvier 2012.

Les politiques d'austérité dans beaucoup de pays, tels que les États-Unis, le Canada, l'Espagne, la Grèce pour n'en nommer que quelques-uns, ont conduit à la restriction des budgets dans les institutions publiques d'éducation, de santé et de service social. Elles ont touché de façon plus directe les moins fortunés. Elles ont aussi affaibli les points d'appui d'une société plus égalitaire et plus humaine. Elles ont mis à mal des institutions qui favorisaient le lien social et la responsabilité collective, si nécessaires pourtant à une société qui aspire à une sortie de crise. Elles ont favorisé le développement de systèmes d'éducation, de santé et de soutien à deux vitesses. Elles ont contribué elles aussi à l'élargissement des écarts, aux ruptures entre classes et ont conduit à l'émergence de la contestation et de la violence.

La crise a mis en lumière la faiblesse du pouvoir politique et sa dépendance vis-à-vis des pouvoirs financiers. Des chefs de gouvernement ont été évincés. Dans certains pays, ils ont été remplacés par des personnes non élues sous la pression d'institutions externes. La démocratie a été une grande perdante dans cette expérience. Il y a eu peu de débats publics avant les prises de décisions, peu d'évaluation des diverses options de sortie de crise, peu d'appels au peuple autre que l'injonction de se serrer la ceinture.

Un regard attentif et bienveillant sur les divers perdants de la crise aurait dû conduire à des efforts importants et diversifiés des divers gouvernements et à des réajustements de leurs orientations sociales, économiques et financières. Voyons quelles ont été leurs réactions.

3

REGARD CRITIQUE SUR LES TENTATIVES DE SORTIE DE CRISE

On avait connu au cours des dernières décennies des crises et des cycles de ralentissement et d'expansion de l'économie, mais il se passa en 2008 quelque chose qui ressemblait à la dépression de 1929. On faisait face à une crise généralisée du système financier sur lequel on se fondait pour faire tourner l'économie, et ce système s'était enrayé. Il était gelé. Aussi, avant toute autre intervention, concluait-on, l'État devait remettre ce système en marche et presque à n'importe quel prix. Portons un regard critique sur ce qui a été réalisé pour sortir de la crise aux États-Unis, en Europe, en Chine, au Canada et en Islande, depuis 2007.

A- Sauver le système financier américain

Aux États-Unis, l'administration Bush et la Réserve fédérale ont commencé à intervenir à l'automne 2007. L'hiver suivant, on a renfloué certaines institutions, mais sans plan défini, sans principes clairs. On a quelquefois cherché à protéger certains actionnaires, comme ce fut le cas de ceux de Bear Stearns, où la Fed est intervenue pour augmenter le prix des actions de deux à dix dollars lors de l'achat de cette banque en difficulté par JPMorgan. On a aussi régulièrement protégé les porteurs d'obligations lors de fusions ou de rachats d'institutions financières. Cependant, dans certains cas, les actionnaires et les porteurs d'obligations ont tout perdu. On ne savait trop quels critères avaient été utilisés pour expliquer les diverses positions du gouvernement ou de la Fed, mais on comptait sur eux. C'est pourquoi le milieu financier a été très surpris lorsque le président Bush laissa tomber Lehman Brothers, que l'on considérait comme un intouchable. Il fut du coup pris de panique. Il devenait alors important, pour calmer le jeu, que le gouvernement se donne désormais un plan d'affaires et s'assure de la collaboration du Congrès.

Au début d'octobre 2008, comme nous l'avons déjà rappelé, le secrétaire au Trésor, Henry Paulson, proposa un programme de sauvetage des actifs à problèmes qui permettrait d'injecter des liquidités dans les banques et de nettoyer leur bilan. L'État rachèterait aux banques et aux compagnies d'assurances leurs mauvaises créances, dont les *subprimes*, avec l'argent frais des contribuables. Le projet de loi était bref, à peine trois pages. Il donnait au secrétaire au Trésor une marge de 700 milliards de dollars sans que les membres du Congrès puissent exercer leur droit de regard sur son utilisation et sans que les citoyens ou organismes puissent contester en justice les décisions rendues. Le Congrès repoussa le projet de loi, considérant qu'il ne pouvait pas abandonner ses responsabilités. Mais les milieux financiers le défendirent ; ils apportèrent des nuances, exprimèrent dans les médias une autre interprétation des propositions et exercèrent un virulent lobbying. Ils ne parlaient pas de programme de renflouement des banques et des institutions financières, mais de programme de relance ; ils ne parlaient pas d'actifs toxiques, mais d'actifs qui connaissaient à court terme certains problèmes qui se régleraient en peu de temps, faisant valoir que l'État récupérerait son argent. On chercha à influencer certains membres du Congrès.

Joseph E. Siglitz, Prix Nobel d'économie, dans son livre intitulé en français *Le triomphe de la cupidité,* affirme que l'administration Bush elle-même chercha à convaincre les parlementaires hostiles en leur promettant certains cadeaux pour leur circonscription ou leurs mandants s'ils acceptaient de modifier leur vote. Une version révisée du plan fut adoptée peu après, mais la discussion se poursuivit sur les suites à donner et sur la façon d'évaluer les actifs à problèmes ou toxiques. Devant la difficulté à arriver à une formule qui puisse paraître quelque peu équitable pour l'État, c'est-à-dire pour les contribuables, Paulson, à la mi-octobre, suggéra à l'État une autre façon de dépenser ses milliards et d'aider les banques : il s'agissait d'injecter de l'argent directement dans les institutions financières mal en point afin d'augmenter leur capitalisation et indirectement les liquidités disponibles sur le marché. Il fit cela sans engagements formels des banques en contrepartie, se fiant une fois de plus à leur bonne foi. Aux États-Unis, l'État ne devait pas nationaliser des banques ni intervenir dans le système financier, sinon pour sauver les banques, leurs dirigeants et les grandes fortunes. L'idéologie dominante, alimentée par les grands médias, refusait à l'État tout autre comportement et négligeait son devoir de protéger ses citoyens.

Il arriva ce que de nombreux observateurs avaient prévu. Les banques prirent l'argent offert comme s'il s'agissait d'un dû. Les salaires des dirigeants restèrent astronomiques, malgré les erreurs commises et leur responsabilité dans la crise. Les actionnaires reçurent bientôt leurs dividendes. Bien plus, les banquiers utilisèrent les sommes d'argent des contribuables non pour remettre des liquidités dans le système et pour améliorer la disponibilité du crédit pour les entreprises, mais pour renflouer leur capital.

1- *L'affaire Madoff*

La grogne s'établit peu à peu dans la population au fur et à mesure qu'on se rendait compte de la situation. À cela s'ajouta l'affaire Madoff, qui éclata en 2008. Un courtier célèbre, Bernard Madoff, qui était reconnu pour les rendements exceptionnels de ses fonds d'investissement, pour l'importance des fortunes qu'il gérait et des liens qu'il entretenait avec les plus grandes banques, fut arrêté par le FBI en décembre de cette année-là. Des procédures furent entreprises en 2009. Peu à peu, on découvrit qu'il avait monté un vaste système frauduleux apparenté à la chaîne de Ponzi (sorte de vente pyramidale appelée ainsi du nom de son initiateur). Madoff utilisait le nouveau capital qui lui était confié pour payer des intérêts plus élevés à ceux qui étaient ses clients les plus anciens. Il utilisait aussi de nombreux produits dérivés. C'est la chute de la valeur de ces derniers qui le mit dans l'embarras. Il ne pouvait plus désormais s'acquitter de ses obligations, et les plaintes contre lui conduisirent à l'enquête du FBI et à son arrestation. Il admit qu'il avait perdu plus de cinquante milliards de dollars et il fut condamné. Mais l'administrateur financier Irving Picard, qui avait reçu la charge d'essayer de recouvrer ce qui restait de la fortune de Madoff pour rembourser une partie de l'argent perdu par ses divers clients, s'aperçut que, si certaines banques avaient subi des pertes, d'autres institutions avaient été plutôt complices et bénéficiaires du manège de Madoff. Il réclama des sommes importantes à JPMorgan, à Citigroup, à HSBC et plus particulièrement à la banque Medici et à diverses filiales appartenant à Sonja Kohn, une Autrichienne considérée par Irving Picard comme complice de longue date. Au début de 2009, l'affaire Madoff tint les journalistes et commentateurs fort occupés et ajouta au discrédit des banques et des milieux financiers.

Barack Obama, arrivé au pouvoir en ce début d'année, prit rapidement position sur l'affaire Madoff. Il estima que les « régulateurs du système financier s'étaient endormis au volant » et annonça le remplacement du président de la Securities and Exchange Commission (SEC), qui avait auparavant conduit des enquêtes sur Bernard Madoff Investment Securities sans rien découvrir. Conscient qu'une part importante des difficultés du travail de la SEC était liée à la déréglementation des marchés, le président Obama annonça une nouvelle régulation du marché bancaire et financier et amorça des discussions avec ses grands partenaires internationaux. Devant les critiques qui se multipliaient au sujet de la mise en application du plan Paulson, il promit un contrôle plus serré de l'affectation des sommes encore disponibles, à peu près trois cents milliards de dollars. En mars 2009, il mit en place un nouveau programme d'investissement public-privé qui avait pour objectif de libérer les banques des actifs toxiques afin de favoriser la circulation des liquidités sur les marchés. On reprenait indirectement l'idée du premier plan Paulson, qui avait été rejeté par le Congrès, mais en ajoutant un intermédiaire privé qui aurait la responsabilité d'acheter les actifs toxiques des banques. Comme dans bon nombre de placements privés-publics, l'État (les contribuables) mit plus d'argent que le privé, alors que ce dernier accapara la plus grande part des profits et que l'État resta responsable de la plus grande part des risques et des pertes. On privatisa les profits et on socialisa les dettes.

2- *Influences malsaines du lobby financier*

Barack Obama, malgré des demandes répétées et des condamnations formelles, n'arriva pas à tenir tête au système financier que l'État avait sauvé à coup de centaines de milliards de dollars. Les banques ne reconnurent pas leur échec, ne changèrent pas leurs habitudes, se retournèrent contre l'État et les pouvoirs politiques, comme le démontra encore la position de Wall Street lors des élections présidentielles de novembre 2012. Elles cherchèrent à manger la main qui les avait nourries. Elles resserrèrent le crédit des contribuables et des entreprises.

On ne peut blâmer le gouvernement américain pour sa rapidité d'exécution, mais on peut lui reprocher de ne pas avoir exigé un engagement de la part des institutions financières, de ne pas avoir procédé à des changements rapides et importants de la réglementation, de ne pas avoir pénalisé la mauvaise gestion et la prise de risques inqualifiables des milieux financiers. Sa façon de faire a été considérée par beaucoup, au cours des mois et des années suivantes, comme une vaste opération de déresponsabilisation des banquiers et des financiers. On a tout effacé, on a tout oublié et on a laissé recommencer à neuf comme si rien ne s'était passé. Aussi, peu après le sauvetage, le président Obama lui-même s'est montré frustré à cause des salaires et des bonis que s'offraient les dirigeants des institutions qu'on avait aidées. Il a bien essayé de changer les règles bancaires et boursières, mais il s'est vite buté aux lobbys financiers et à leurs protecteurs au Congrès et au Sénat. Son gouvernement, le Congrès et le Sénat avaient laissé passer l'occasion d'apporter des changements aux institutions qui avaient été les premières responsables de la crise par leur laisser-faire et leur cupidité, au moment où elles étaient en état de faiblesse et où elles avaient suscité la grogne publique.

Loin de mettre fin à l'existence de banques « trop grosses pour être mises en faillite », les subventions du gouvernement américain ont fait en sorte que certaines d'entre elles en ont profité pour acheter des rivales en difficulté. Bien plus, en novembre 2012, cinq ans après le début de la crise financière, les États-Unis ont reporté le début de la mise en œuvre effective sur leur sol des normes internationales de Bâle III, qui avaient fait l'objet d'un accord international en 2010. Cet accord visait à assurer le contrôle bancaire afin de renforcer la capacité des banques à faire face à des crises futures. Les grandes banques américaines ont tout fait pour en empêcher ou en retarder la mise en œuvre, aidées par des escadrons d'avocats qui, s'ils ne pouvaient faire couler totalement l'accord, cherchaient encore un modèle de réglementation qui ne limiterait pas la possibilité des financiers américains d'agir à leur guise. Les clauses actuelles de Bâle III apparaissent encore à certains lobbys comme antiaméricaines.

Cette difficulté d'agir sur les causes qui avaient conduit à la crise financière a touché aussi le secteur de la bourse. Devant l'impossibilité de réaliser toutes les réformes souhaitées à la gestion des produits financiers complexes et à la régulation de la spéculation, madame Mary Schapiro, qui avait été nommée présidente de la Securities and Exchange Commission (SEC) par le président Obama, après le scandale Madoff que nous avons évoqué précédemment, a démissionné en novembre 2012. Elle était considérée comme le nouveau gendarme boursier américain. Elle devait faire en sorte qu'il ne soit plus possible que se répètent les expériences qui avaient conduit à la débâcle financière. Malgré ses efforts et quelques réussites, elle n'avait pas reçu le soutien nécessaire pour redorer le blason de son institution et surtout pour empêcher par une réglementation adéquate les transactions boursières qui engendrent de lourdes iniquités et font fi de risques inacceptables.

3- La politique monétaire

La crise financière a conduit très vite à une crise économique grave qui a provoqué des interventions importantes du président de la Réserve fédérale américaine, Ben S. Bernanke, responsable de la politique monétaire. Dès décembre 2008, ce dernier a procédé à une baisse substantielle du taux d'intérêt directeur en le fixant entre 0 % et 0,25 % à sa limite inférieure. Il a reconduit cette même décision mois après mois, année après année jusqu'à ce jour. Le 31 août 2012, dans un discours attendu à Jackson Hole, il promettait que ce taux resterait le même jusqu'à la fin de 2014 si la situation (le taux de chômage) l'exigeait afin d'accélérer la relance. De la même façon, sans établir un troisième programme de rachat d'obligations à long terme par la Réserve fédérale pour augmenter la fluidité des marchés, il s'engageait à prolonger les programmes déjà en cours au fur et à mesure que des sommes engagées dans ces opérations seraient disponibles. M. Bernanke, faisant un bilan des dernières années, considérait que ces deux mesures avaient aidé au rétablissement de la situation économique en augmentant les liquidités tant à court qu'à long terme. Il reconnaissait cependant que le travail n'était pas terminé et que le taux de chômage demeurait trop élevé. Il restait ouvert à d'autres interventions de la Réserve fédérale tout en étant sensible à certaines oppositions politiques, au défi posé par la falaise fiscale et à l'impossibilité pour lui d'utiliser l'instrument le plus conventionnel en temps de crise: la baisse du taux d'intérêt, pour lequel il avait déjà utilisé toute sa marge en 2008.

4- Les programmes publics

Outre le sauvetage des banques et les interventions de la Réserve fédérale, le gouvernement américain a mis sur pied divers programmes publics pour favoriser la reprise économique. Un des mieux réussis a sans doute été le soutien à l'industrie automobile. Les gouvernements américain et canadien sont intervenus en force. Ils sont devenus actionnaires des entreprises General Motors et Chrysler. Ils ont pu imposer leur volonté au sujet des transformations que cette industrie devait subir pour redevenir concurrentielle sur les marchés nationaux et internationaux. Ils ont sauvé beaucoup d'emplois et favorisé le renouveau d'entreprises qui étaient parmi les fleurons de l'Amérique.

Une autre dimension du plan de relance d'Obama était l'aide aux États et aux juridictions locales, tenues de présenter des budgets équilibrés.

L'intention était bonne. Depuis le début de la crise, ces instances perdaient des revenus importants et étaient aux prises avec des dépenses quasi incompressibles. Des secteurs aussi importants que l'éducation étaient touchés. Des centaines de milliers d'enseignants perdaient leur emploi. Le plan Obama permit de sauver des postes en 2008-2009, mais il ne put arrêter à long terme les effets conjugués de l'augmentation de la population et de la pression économique sur le réseau scolaire. L'intervention demeurait insuffisante devant l'ampleur et la durée de la crise, tout comme l'était l'effort pour assurer le développement économique.

Le gouvernement, par contre, a consenti à des dépenses supplémentaires appréciables pour soulager les principaux perdants, les Américains pauvres ou très appauvris, dans la situation qu'ils vivaient. Il a allongé la période d'accès aux allocations de chômage et aux tickets alimentaires. Il a accordé un crédit d'impôt aux salariés aux revenus modestes et amélioré Medicaid autant qu'il a pu, malgré de vives oppositions. Ces dépenses étaient commandées par l'attention aux personnes et par l'appel à la solidarité. Elles s'attaquaient aux conséquences de la crise plus qu'à la sortie de la crise.

Paul Krugman, dans son livre *Sortez-nous de cette crise… maintenant!,* conclut que le plan de relance d'Obama, qui prévoyait des dépenses de 787 milliards de dollars, comportait des déductions fiscales qui ont constitué près de 40 % du montant total et dont il met en doute l'efficacité à stimuler l'économie ; une autre part très importante a été utilisée pour assurer la sécurité du revenu, pour Medicaid et pour l'aide aux administrations locales ou aux États. Le reste a servi à un redémarrage de l'économie par l'aide aux entreprises ou par les travaux d'infrastructure. Ce « petit reste », d'après lui, était largement insuffisant pour atteindre les objectifs.

L'entreprise privée, malgré des politiques monétaires et fiscales avantageuses, a pris beaucoup de temps avant de réinvestir. Lorsqu'elle était aidée par les politiques de l'État, elle était portée à augmenter son capital, à tel point que des économistes et des responsables financiers l'interpellèrent, dès 2011, en lui rappelant sa responsabilité de participer aux efforts des Américains pour sortir de la crise économique et pour contrôler leur dette publique. On peut toutefois remarquer que, après avoir fait le plein de capitaux, peu à peu, avec le temps, elle a contribué à une réindustrialisation des États-Unis en remettant en question les bienfaits de la délocalisation favorisée par la libéralisation financière. De grandes sommes d'argent ont été investies dans le développement des ressources énergétiques et dans la construction d'oléoducs qui permettraient aux différentes régions un accès plus facile au pétrole et au gaz, sans nécessairement tenir compte des risques écologiques.

5- Blocage partisan

En ce début de 2013, l'espoir semble renaître. Malgré un niveau de chômage élevé et la situation difficile de ses partenaires européens, l'économie américaine connaît une vigueur renouvelée. La bourse bat de nouveaux records. Mais la question de l'endettement de l'État demeure omniprésente dans les débats politiques et rend difficile l'accord sur des projets plus structurés de développement pour les prochaines décennies. Des changements en profondeur des institutions juridiques, politiques et financières américaines, qui paraissent pourtant indispensables, sont cependant bloqués par des luttes politiques partisanes exacerbées.

B- L'Union européenne fragilisée par ses disparités

L'Union européenne comprend 27 pays, dont 17 partagent une monnaie commune, l'euro. Si tous ont été plus ou moins touchés par la crise et ont dû prendre diverses mesures, dont la nationalisation ou un fort soutien de leur système bancaire, ceux de la zone euro continuent à faire face à une situation qui inquiète et dans laquelle ils semblent s'enliser. Les efforts faits jusqu'à maintenant ne semblent pas donner les résultats attendus. Le chômage atteint des niveaux insupportables et l'endettement des pays de la zone euro ne cesse de grimper. Des économistes remettent en question la création de la monnaie commune, qui empêche l'utilisation par un pays des options traditionnelles de sortie de crise telles que la baisse des taux d'intérêt, que la Fed a promue aux États-Unis, ou la dévaluation de la monnaie, qui a permis à l'Islande de rebondir au moment où elle avait frôlé la faillite. D'autres blâment la faiblesse des institutions et des responsables politiques, qui retardent l'adoption d'orientations et de réglementations adéquates. Pour y voir plus clair, retournons à certains principes qui sont à la base de la zone euro.

Lors du traité de Maastricht, en 1992, dans le cadre de la mise en place de l'Union économique et monétaire, les membres ont convenu de certains critères de convergence, basés sur des indicateurs économiques que devaient respecter les pays qui désiraient entrer dans l'Union. Ces critères avaient pour objectifs de maîtriser l'inflation, la dette publique ainsi que le déficit public, et de viser la convergence des taux d'intérêt. Au départ, on a même fixé certains taux précis qui étaient considérés comme des limites maximales acceptables: le déficit public annuel de chaque pays devait être inférieur à 3 % du PIB et sa dette publique inférieure à 60 % du PIB. Le respect de ces taux était considéré comme le garant de la stabilité et de la croissance de l'Union.

Depuis les problèmes liés à la réunification de l'Allemagne, on avait accepté d'amender ces normes afin qu'il soit possible pour un État donné de dépasser les cibles prescrites sans pénalités, « pour un temps limité, dans des circonstances exceptionnelles qui tenaient compte des réformes structurelles entreprises ». Mais les critères chiffrés demeuraient très importants, tant pour les membres que pour les milieux financiers, pour évaluer la santé de l'Union et plus particulièrement de l'euro. En 2010, dans les pays de la zone euro, le déficit public moyen est passé à 6,2 % et la dette publique moyenne à 85,3 % du PIB, bien au-delà des cibles prescrites. Les responsables politiques et financiers ont considéré cette situation comme inacceptable. La déviation par rapport aux cibles était trop grande et le nombre de pays hors normes trop élevé. L'adoucissement des règles, prévu comme une exception facilement contrôlable, dans le cas de l'Allemagne, ne pouvait plus être invoqué.

Avant d'accorder quelque forme d'aide à la Grèce, qui était le pays en plus grande difficulté dans la zone euro, la plupart des intervenants sur la scène européenne ont rappelé les engagements pris par ce pays et les cibles qu'il s'était engagé à atteindre. On a exigé que la Grèce réduise d'abord et avant tout son déficit public, qu'elle adopte rapidement une politique d'austérité avant de pouvoir recevoir les prêts nécessaires pour éviter une faillite éventuelle. Les responsables de la zone euro tiendront la même position à l'égard d'autres pays en crise. Des gouvernements, sans y être obligés, adoptèrent par eux-mêmes une telle politique d'austérité afin de réduire leur déficit public et, pensaient-ils, par le fait même, leur endettement. Cette déduction, qui semblait logique à première vue, était-elle valable ?

En situation économique difficile, les revenus de l'État diminuent. Pressé par les échéances des organismes internationaux et européens, il ne peut ni réaliser les changements structurels nécessaires au développement économique ni corriger à court terme des situations qui appellent à des changements culturels, par exemple le fait que beaucoup de citoyens ne paient pas d'impôts ou prennent les transports publics sans payer. Les délais fixés ne lui offrent pas la possibilité de tenir avec la société civile un débat démocratique sans lequel un appel à la solidarité pour corriger la situation est quasi impossible. Il ne lui reste qu'une option : réduire les dépenses qui peuvent l'être rapidement et sur lesquelles il exerce un contrôle direct : les salaires de la fonction publique ou parapublique, les retraites, les allocations aux chômeurs ou aux personnes assistées, les services qu'il administre, dont l'éducation et la santé. C'est la voie que l'on a suivie dans de nombreux pays. Le déficit de la zone euro est passé de 6,2 % à 4,1 % du PIB de 2010 à 2011. Dans vingt-cinq des vingt-sept États membres de l'Union européenne, le déficit public exprimé en pourcentage du PIB a reculé. On était en bonne voie de respecter le critère de 3 % du déficit public. Mais avait-on fait le bon choix pour sortir de la crise ?

Cette stratégie eut plutôt des conséquences désastreuses sur la croissance, et la dette publique de la zone euro a continué à augmenter. Elle est passée de 85,3 % à 87,2 % du PIB de 2010 à 2011. Quelle a été la réaction ? Les 27 États membres et le Parlement européen adoptaient, en octobre 2011, une série de mesures intitulée officiellement « Pacte de stabilité et de croissance », communément appelé « Six-Pack », puisqu'il comporte cinq règlements et une directive. À la lecture de ce pacte, il est clair que celui-ci se préoccupe plus de la stabilité que de la croissance. Il cherche à renforcer les cibles historiques fixées à 3 % pour le déficit public et à 60 % pour la dette publique. On y précise les procédures à suivre lors du dépassement des cibles. On s'intéresse aux déficits excessifs, contre lesquels des sanctions pourraient être prises. On ajoute des indicateurs chiffrés, dont celui de la dette du secteur privé en pourcentage du PIB, auquel on fixe un seuil. Ce dernier indicateur vise des pays comme l'Espagne, dont la dette privée est très élevée et constitue une des principales sources de ses difficultés à se sortir de la crise. Les dirigeants européens, malgré la détérioration de la situation, restent campés sur leur diagnostic : la crise est une crise de l'endettement lié aux déficits publics. Alors, l'accent doit être mis sur les budgets et leurs réalisations effectives, peu importe le prix à payer par les populations.

Le Conseil européen et le Conseil des ministres des Finances ont cherché à se donner divers moyens pour coordonner les politiques budgétaires et chercher à les influencer. En 2011 et 2012, devant l'insuffisance du Pacte de stabilité et de croissance, le gros des efforts des responsables fut consacré à travailler à un nouveau traité sur la stabilité, la coordination et la gouvernance (TSCG) au sein de l'Union économique et monétaire, véritable pacte budgétaire européen. La principale nouveauté du traité est qu'il introduit une règle d'or qui prévoit obliger les États à se donner des dispositions contraignantes afin de respecter les obligations qui résultent du TSCG et qui ont pour objectif l'atteinte de l'équilibre budgétaire structurelle, avec une très légère marge laissée à chaque pays. À cette fin, le TSCG établit que la Cour de justice de l'Union européenne pourra imposer des sanctions quasi automatiques aux pays qui dérogeraient à leurs engagements. De plus, seuls les pays qui auront ratifié le Traité pourront bénéficier des prêts du nouveau mécanisme de stabilité financière mis sur pied à l'automne 2012. Le TSCG est entré en vigueur le 1er janvier 2013, après que la Finlande eut été le douzième pays membre de la zone euro à l'entériner. La condition que s'étaient donnée les dirigeants pour que le Traité devienne officiel était enfin remplie.

Pendant que l'on cherchait à équilibrer les budgets, à resserrer les contrôles, à centraliser les pouvoirs, à trouver des moyens sûrs d'aider les pays en difficulté, ceux-ci s'endettaient de plus en plus. Un communiqué de presse d'Eurostat, le 24 octobre 2012, précisait que la dette publique moyenne de la zone euro était en hausse à 90 % du PIB après le deuxième trimestre 2012. Les proportions les plus élevées se retrouvaient en Grèce (150,3 %), en Italie (126,1 %), au Portugal (117,5 %), en Irlande (111,5 %), en Belgique (100 %), alors que la France se tenait tout près de la moyenne, qui est devenue, *de facto,* le seuil critique aux yeux des agences de crédit et des milieux financiers. On pouvait facilement constater que, en s'attaquant à la crise par le seul moyen de l'austérité budgétaire, on s'éloignait de plus en plus d'un autre critère de convergence de l'Union européenne, c'est-à-dire la dette publique, et on augmentait sans cesse la disparité entre les pays partenaires.

Cette situation conduisit plusieurs observateurs à s'interroger sur le sérieux de la stratégie Euro 2020 que l'Union s'était donnée afin d'assurer une croissance intelligente, durable et inclusive pour tous ses membres. Les milieux financiers et économiques se questionnaient sur la force, la cohérence, la capacité d'intervention réelle de ce que l'on considérait jusqu'ici comme la troisième économie mondiale. Les pays qui avaient de fortes dettes publiques et privées payaient des intérêts insoutenables pour obtenir les emprunts nécessaires à leur fonctionnement et à leur développement. Leurs difficultés affaiblissaient les échanges commerciaux au sein de l'Union. Elles avaient de fortes répercussions : les taux de chômage et de pauvreté étaient dévastateurs, tant pour les personnes que pour la paix sociale, comme nous le rappelaient les grands titres des journaux qui faisaient le bilan de l'année 2012 et cherchaient à prévoir les tendances pour 2013 : « Un quart de la population européenne est menacée par la pauvreté », se scandalisait le journal *Le Monde* ; « Taux de chômage record en zone euro », annonçait le cahier économique du journal *Le Devoir* du 9 janvier 2013 : « L'Espagne et la Grèce ont dépassé les 25 % de chômeurs » ; « La récession plane de nouveau sur le Royaume-Uni, qui s'est désolidarisé de l'Union européenne sur plusieurs dossiers », titre l'Agence France-Presse à la fin de janvier ; « Prévisions mitigées du FMI pour 2013 », reprend la revue *Capital Dossier spécial, Hors-Série,* octobre-novembre 2012.

Aussi ne faut-il pas se surprendre qu'au cours du deuxième semestre 2012 madame Christine Lagarde, présidente du FMI, critique les politiques d'austérité trop vigoureuses et insensibles au nécessaire développement économique. Déjà en octobre, à Tokyo, le FMI avait reconnu avoir sous-estimé l'impact des plans d'austérité sur la croissance dans les pays européens sous assistance financière internationale. En novembre, à l'occasion du sommet du G20 au Mexique, le FMI affirmait qu'il y a « un risque que l'austérité devienne politiquement et socialement intenable dans les pays de la périphérie » de la zone euro (Grèce, Portugal, Espagne). Il soulignait qu'« il faudra encore des années pour mener à bien les réformes budgétaires et structurelles nécessaires » dans ces pays. En janvier 2013, l'économiste en chef du FMI, appuyé par un certain nombre de spécialistes de macroéconomie, dont Daniel Leigh, admettait que l'austérité s'appuyait sur un modèle mathématique erroné qui mésestimait, de façon plus qu'importante, l'impact des réductions budgétaires sur la croissance. Le FMI et les responsables de la zone euro, qui basaient leur position sur ce modèle, évaluaient l'impact négatif des compressions budgétaires au tiers seulement de ses effets réels. Ils engageaient les pays européens dans un endettement de plus en plus incontrôlable et dans une récession toujours possible à court terme.

Devant ces différentes prises de position du FMI, les dirigeants européens auraient dû remettre en question leur choix de l'austérité. Ils avaient la preuve que le TSCG était trop limité et faisait la part trop mince aux exigences de la croissance et du développement, comme le remarquait lui-même le président Hollande. Certes, le TSCG avait étalé la résorption de la dette publique sur une période de vingt ans, de la même façon qu'on avait étalé la dette de guerre, mais il n'a rien fait pour soutenir une croissance forte, qui seule peut permettre une sortie de crise. Une telle croissance n'est possible que par des investissements publics et privés accélérés, par l'amélioration de la compétitivité européenne, par une régulation qui protège les pays économiquement affaiblis, par une certaine solidarité analogue à celle d'un plan Marshall. Dans le cas de l'Union européenne, cela exige que l'on précise et renforce le modèle fédératif tout en restant attentif aux traditions et aux cultures des divers pays qui la constituent. Les disparités économiques entre le Nord et le Sud, déjà considérées comme un défi au moment de la création de la monnaie commune, appellent à des attentions et à des changements qui permettront de réaliser le rêve d'une Europe pacifiée, de la confirmer comme troisième puissance économique d'un monde qu'on ne veut plus bipolaire, de la consacrer terre de culture et d'humanisation. La tâche est immense; la crise actuelle l'a mis en évidence. Il faut espérer qu'une amélioration de la situation à court terme ne fasse pas oublier tout le travail qui reste à faire. L'Union européenne a suscité beaucoup d'espoir. Il serait déplorable qu'elle ne surmonte pas les obstacles qu'elle rencontre depuis sa naissance et que la crise n'a fait que révéler.

C- La Chine : une économie dirigée en action

Pour un observateur qui n'y a jamais mis les pieds, il n'est pas facile de faire le point sur l'évolution de la situation en Chine. Les études et les commentaires que l'on peut lire à son propos sont souvent biaisés par un point de vue basé sur l'idéologie. Les statistiques officielles qui sont rendues disponibles sont contrôlées, et elles sont régulièrement contestées par les Occidentaux. La diversité, l'étendue, la complexité du pays, ses diverses langues et traditions constituent un casse-tête pour le meilleur des experts. Chercher à se faire une opinion sur la façon dont la Chine s'est comportée pendant la crise financière et économique qui a d'abord touché l'Occident est certes un défi. Mais on ne peut ignorer celle qui est considérée comme la seconde économie mondiale et dont l'OCDE, dans un *Rapport sur la croissance mondiale à l'horizon 2060,* affirme qu'elle occupera le premier rang devant les États-Unis.

Au cours des dernières années, nous avons entendu des conférences emballantes prononcées par Loïc Tassé, spécialiste de la Chine et chargé de cours à l'Université de Montréal, sur le développement économique chinois et sur les effets bénéfiques des derniers plans quinquennaux. Par contre, nous avons lu des critiques virulentes et des mises en garde alarmantes sur ce modèle de développement. Certains, qui reconnaissent, malgré tout, que la Chine a bien tiré son épingle du jeu, se font prophètes de malheur pour la suite des choses. D'autres affirment qu'elle s'en est sortie parce qu'elle était déjà entrée dans l'économie de marché, et qu'elle s'en serait sortie encore mieux si elle avait été plus loin dans sa réforme et avait adopté les façons de faire prônées par l'OCDE et par les autres grands organismes financiers internationaux.

Nous ne sommes pas un spécialiste de la question chinoise, loin de là, mais nous chercherons à nous appuyer sur certains faits qui font consensus et nous tenterons de nous libérer le plus possible des positions trop idéologiques. Pour ce faire, procédons de façon chronologique en nous attardant aux décisions prises par les dirigeants pour éviter ou diminuer les effets de la crise et pour corriger des tendances inquiétantes, consécutives à des actions entreprises.

Assez peu connecté à l'international, le système financier chinois n'a pas été touché directement par la crise des *subprimes* et a assez bien résisté à la crise financière malgré ses propres faiblesses. Il a été protégé des contagions directes et des abus des montages financiers douteux des produits dérivés. Malgré cette situation enviable liée à un modèle économique encore très dirigiste, les responsables chinois étaient quand même préoccupés par la situation de l'économie mondiale, qui se détériorait à un rythme important d'abord aux États-Unis, puis dans l'Union européenne. La Chine, dont l'économie était marquée par l'importance des exportations liées étroitement à la bonne santé de ces deux grandes économies, a réagi promptement, avec vigueur et efficacité, pour contrer les effets du ralentissement économique mondial.

Dès novembre 2008, la Chine a annoncé un vaste ensemble de mesures de relance d'une valeur de 700 milliards de dollars. Un *Rapport des Affaires étrangères et commerciales du Canada* explique :

> Ce programme, qui s'inscrit dans le cadre de l'objectif du président Hu de bâtir une société harmonieuse, était axé sur la croissance économique (notamment le développement des infrastructures), tout en mettant l'accent sur les groupes à faible revenu, le développement agricole régional, la lutte contre la pollution et les avancées technologiques.

Le gouvernement chinois considérait qu'il fallait réorienter la croissance à partir du marché intérieur. Il augmenta les salaires et favorisa la baisse des prix de certains produits domestiques tels que les poêles, les réfrigérateurs, les téléphones pour en donner l'accès à un plus grand nombre. Il a ainsi redonné du travail aux migrants qui travaillaient dans les usines et qui avaient connu le chômage lorsque les échanges avec le marché extérieur avaient diminué. Il a aussi multiplié les travaux d'infrastructure: routes, énergie, trains à haute vitesse, ponts, etc., soutenant le développement des régions non côtières et l'ouest du pays peu peuplé et sous-développé. Il a commencé à corriger peu à peu les systèmes de santé et de retraite, qui étaient fort inégalitaires, car trop fractionnés. Ils dépendent souvent des localités, qui révèlent entre elles de grandes disparités économiques et démographiques. Ce dysfonctionnement est fort préjudiciable aux Chinois qui migrent à l'intérieur du pays et qui ne sont pas protégés.

On peut affirmer que ces diverses mesures de relance ont porté leurs fruits. Elles ont réduit les déséquilibres très importants d'une région à l'autre. Elles ont permis à une bonne partie de la population d'acquérir des appareils domestiques pour leur usage personnel, tout en soutenant la demande auprès des entreprises.

En plus du levier budgétaire du plan, la Chine a utilisé le levier monétaire de façon répétée. Les taux d'intérêt directeurs ont été réduits à différentes reprises, tout comme le taux de réserves obligatoires, afin de favoriser la consommation interne et l'investissement. La Chine a pu agir rapidement, sans trop d'hésitation et avec efficacité, non seulement à cause de son dirigisme politique, mais surtout parce qu'elle avait une très faible dette publique, un important excédent budgétaire et une très forte épargne privée, ce qui n'était pas le cas dans les deux autres grandes économies étudiées précédemment.

Cependant, ces mesures ont conduit, à moyen terme, à une certaine surchauffe de l'économie. On a assisté à une augmentation importante des risques de crédit et à l'augmentation des prix à la consommation, entre autres dans le domaine de l'alimentation, qui touche particulièrement les familles les plus démunies. Le surinvestissement dans les infrastructures et dans l'immobilier a causé certains problèmes de spéculation et de corruption. Il a entraîné des investissements anarchiques et non pertinents et a provoqué le surendettement des gouvernements locaux, qui, pour la réalisation de projets d'investissement d'envergure situés sur leur territoire, devaient fournir une part du financement. On s'est interrogé sur l'efficience du plan, malgré son succès et ses résultats. En avait-on eu pour son argent ?

Les dirigeants ont alors cherché à ajuster le tir. En 2011, ils ont adopté des mesures de resserrement monétaire et de restriction du crédit pour freiner la hausse des prix. Grâce à ces corrections, on a pu limiter l'inflation dans l'alimentaire et freiner l'investissement tous azimuts. Elles expliquent aussi en partie la diminution de la croissance en Chine, qui est passée de 10,4 %, en 2010, à 9,2 % en 2011 et à 7,8 % en 2012. Ce dernier taux est à peine plus élevé que celui prévu et visé par le premier ministre, qui avait pour cible 7,5 %. Devant cette situation, pourtant souhaitée par les dirigeants chinois, certains commentateurs occidentaux ont conclu à l'échec, considérant que cette chute de la croissance chinoise aggravait la crise mondiale et retardait la relance de l'Europe.

La Chine ne s'est pas contentée d'agir sur sa situation interne pour éviter le chômage et les troubles sociaux. Elle a aussi cherché à diversifier et développer ses relations commerciales avec des pays émergents producteurs de matières premières. Elle a renforcé son influence en Afrique par l'entremise d'un Fonds sino-africain de développement. Elle a favorisé ses exportations vers l'Amérique latine. Ses fonds souverains et des groupes publics chinois deviennent de plus en plus agressifs pour acheter des entreprises liées à l'énergie, aux technologies avancées et aux matières premières. Dans des pays comme le Canada, ils s'intéressent particulièrement aux terres et aux forêts. En Europe, ils cherchent des aubaines dans les hautes technologies et les produits de luxe, dans les industries reliées à l'environnement et aux questions climatiques. Ils achètent des participations importantes dans de grandes firmes. En échange du capital investi, ils exigent quelquefois que l'on engage des travailleurs chinois, comme c'est arrivé dans une entreprise de Vancouver, dont les postes de travail étaient totalement réservés à cette main-d'œuvre. Cet activisme chinois suscite diverses réactions. Il inquiète à certains moments, mais on devra s'y faire et s'y préparer. On ne peut isoler la Chine. On l'a invitée à se joindre à la communauté internationale et elle y prend goût.

La Chine a bien réagi à la crise et en a profité pour ouvrir des chantiers importants. Elle a soutenu la demande interne devant la contraction économique mondiale, cherchant ainsi à réduire les déséquilibres entre les régions. Elle s'est ouverte à de nouveaux marchés et a commencé à restructurer son économie, devenant plus attentive aux questions climatiques et énergétiques. Le chemin à parcourir demeure long, mais la direction que les Chinois ont prise les conduira à bénéficier d'un niveau de vie en nette progression. Les dirigeants sont devenus sensibles à la nécessaire réforme de leur système financier ainsi qu'à la remise en question de l'emprise et des privilèges des grands groupes publics liés au Parti, qui ont été les principaux bénéficiaires de la croissance grâce à un accès souvent exclusif aux prêts des banques et aux contrats publics. Ce problème de collusion est cependant loin d'être réglé.

Tout comme les pays de l'Union européenne, la Chine fait face à un vieillissement de la population qui pose, pour elle aussi, des remises en question de ses systèmes de santé et de retraite. Plus encore que les autres, ses villes très populeuses et actives subissent les effets de la pollution atmosphérique.

Ses défis sont immenses, mais la façon dont ses dirigeants ont réagi à la crise économique mondiale est de bon augure.

D- Pour sortir de la crise, imitons les Canadiens !

Ce titre n'est pas le nôtre. Il est emprunté au site du *Courrier international* et repose sur une affirmation de Don Lee, du *Los Angeles Time* du 22 juillet 2010 :

> Une fois n'est pas coutume, les Américains regardent leurs voisins du Nord avec envie. Le pragmatisme de la culture canadienne leur a permis de mieux faire face à la récession.

Le FMI et l'OCDE prévoyaient que le Canada devrait afficher la croissance économique la plus rapide des pays du G7 au cours de 2010 et 2011. Comment expliquer un tel succès de sortie de crise pour ce pays si dépendant économiquement de son puissant voisin, visiblement affaibli, et duquel il a tant de peine habituellement à se démarquer ? Assez curieusement, on pourrait tracer un certain parallèle avec la situation chinoise malgré le caractère insolite d'une comparaison entre deux pays si différents sur le plan de la taille, de la culture, de l'économie et de la politique.

Dans les années difficiles qu'a connues l'économie mondiale depuis 2008, la principale explication du succès du Canada tient aux efforts réalisés dans les années 1990 pour réduire sa dette. Les gouvernements fédéral, provinciaux et municipaux avaient dans leur ensemble assaini leurs finances publiques, et les Canadiens, bon gré, mal gré, avaient appris peu à peu à se serrer la ceinture en adoptant des budgets équilibrés et même excédentaires. Juste avant le début de la récession, la dette de l'ensemble des administrations publiques, qui englobe celles des gouvernements de tous les niveaux et des régimes de pension publique du Canada et du Québec, dépassait à peine 20 % du PIB.

Le Canada pouvait s'enorgueillir, selon les dires du Forum économique mondial, d'être au tout premier rang de la planète quant à la solidité de son système bancaire, dont les risques de défaut ou de faillite étaient extrêmement minces. Les banques étaient moins exposées à l'endettement et donc moins sous-capitalisées. Elles furent peu touchées par la crise des *subprimes* et des produits dérivés complexes, qui constituaient une mince partie de leurs activités. L'État n'eut pas besoin de les subventionner directement. En plus de son faible niveau d'endettement, cela lui permettait d'intervenir efficacement et rapidement pour éviter que les Canadiens subissent trop fortement les effets de la crise de son voisin et de l'Union européenne, ses deux partenaires commerciaux les plus importants.

Élu à la tête d'un gouvernement minoritaire conservateur à l'automne 2008, le premier ministre Harper présenta un projet budgétaire qui fut contesté. Les trois autres partis politiques, le Nouveau Parti démocratique, le Parti libéral et le Bloc québécois, le considéraient comme tout à fait inadéquat au moment où se profilait une récession économique. Malgré certains reculs du parti au pouvoir, les partis d'opposition s'opposèrent au budget et décidèrent de former une coalition afin de remplacer les conservateurs, qui venaient à peine d'être élus. Le premier ministre conservateur demanda alors à la gouverneure générale Michaëlle Jean de proroger la session. Elle accepta de le faire, mais elle convoqua le premier ministre. Elle réussit sans doute à le convaincre d'aller plus loin dans ses concessions budgétaires et d'être attentif aux remarques des autres partis, inquiets des conséquences de la crise financière américaine sur les Canadiens. On ne saura jamais ce qui s'est dit ou ce qui a été négocié dans cette rencontre, mais à la suite de cette petite crise politique de quelques semaines, le Parti conservateur conserva le pouvoir tout en présentant un nouveau budget qui tenait compte des remarques des autres partis. Ce budget fut adopté par une majorité de parlementaires. Il comprenait un Plan d'action économique d'une durée de deux ans, assorti d'un budget de 62 milliards de dollars. Ces orientations furent très bien reçues par la population et assurèrent la vigueur de la reprise au Canada.

Le gouvernement poursuivait six objectifs. Selon le *Sixième rapport aux Canadiens sur le suivi du Plan d'action par le ministère des Finances du Canada,* le Plan accordait premièrement aux Canadiens des allègements importants et permanents de l'impôt sur le revenu des particuliers et assujettissait les entreprises canadiennes au plus faible taux global d'imposition des nouveaux investissements, si on le comparait à ceux des principaux pays industrialisés. Deuxièmement, il venait en aide aux chômeurs en augmentant l'offre de prestations supplémentaires aux travailleurs de longue date et aux travailleurs qui participaient aux accords de travail partagé, de même qu'aux travailleurs autonomes. Il créait un programme de formation afin de les aider à acquérir les compétences dont ils avaient besoin pour retrouver un emploi. Troisièmement, le Plan octroyait de nouveaux fonds dans le domaine des infrastructures, en prêtant attention aux questions écologiques. Il accroissait le soutien au secteur du logement au moyen d'un crédit d'impôt important pour la rénovation domiciliaire. Ce dernier programme, d'une durée d'un an, a eu beaucoup de succès : plus de 4,6 millions de familles en ont profité. Quatrièmement, poursuivant l'objectif de créer l'économie de demain, le Plan cherchait à améliorer l'infrastructure des collèges et des universités ; il accroissait l'appui aux étudiants des cycles supérieurs ; il soutenait le leadership en recherche et en technologie. Cinquièmement, il protégeait les emplois dans les régions, les collectivités et les secteurs les plus touchés par le ralentissement de l'économie. Sixièmement, il assurait la stabilité continue du système financier et améliorait l'accès au financement pour les ménages et les collectivités par la politique de la Banque du Canada, qui fixait le taux directeur d'intérêt ou taux de base et prêtait attention à la disponibilité des liquidités nécessaires aux banques en leur offrant des prêts à court terme et à faible taux, dans la période la plus critique de la crise financière.

En mai 2010, le FMI estimait la valeur des mesures de stimulation de l'économie du Canada, en 2009 et 2010, à un peu plus de 4 % du PIB. Parmi les pays du G7, seul le Japon avait adopté des mesures légèrement supérieures, proportionnellement à son PIB.

Au cours de la première année de mise en œuvre du plan, plus de 26 milliards de dollars ont été réellement dépensés, dont plus de 17 milliards dans les programmes d'infrastructure et d'appui aux industries et aux collectivités, et 3,7 milliards pour améliorer l'aide aux chômeurs. Les provinces et les territoires ont aussi investi plus de 7 milliards pour soutenir la relance. Grâce à ces divers investissements, 450 000 emplois ont été créés de juillet 2009 à janvier 2010, récupérant ainsi tous les emplois perdus pendant la récession. Le chômage est passé de 8,7 % en août 2009 à 8,1 % en août 2010. Dès le troisième trimestre de 2009, le Canada a connu une croissance marquée de la demande privée intérieure réelle. Le *Sixième rapport aux Canadiens du Plan d'action de septembre 2010* conclut :

> Des fonds du Plan d'action économique ont été engagés d'un bout à l'autre du pays à l'égard de plus de 23 000 projets, dont 97 % sont en cours ou terminés.

On peut affirmer, sans trop de chauvinisme, que le Canada et le Québec ont bien traversé la période difficile de 2008 à 2011. Au départ, le Canada était dans une position financière solide et le Québec avait su conserver, malgré les pressions externes, une capacité importante d'intervention de l'État sur le plan tant économique que social. La collaboration entre les divers gouvernements, le soutien de l'opinion publique et l'engagement des différentes institutions et des citoyens dans les programmes qui étaient offerts ont entraîné la reprise économique et la protection des personnes les plus fragilisées par la crise.

L'élection d'un gouvernement majoritaire conservateur en 2011 a cependant ouvert le débat sur la façon de mettre un terme au plan de relance. Des polémiques politiques importantes ont alors été soulevées. Avec quelle rapidité devrions-nous revenir à l'équilibre budgétaire ? Ne faudrait-il pas être attentif à la reprise aux États-Unis et dans l'Union européenne avant de fixer une date ? Ne faudrait-il pas garder une certaine souplesse ? Quelle part devrait avoir le relèvement des impôts dans cette démarche ?

Toutes les mesures du Plan avaient une durée limitée et visaient un effet immédiat. Cependant, le nouveau gouvernement voulait rendre permanentes les baisses d'impôt, alors que des observateurs de plus en plus nombreux faisaient remarquer que les baisses d'impôt destinées aux entreprises n'avaient pas conduit aux investissements attendus, mais avaient plutôt servi à constituer des réserves financières qui étaient alors utilisées comme des placements sur le marché. Depuis 2011, les gouvernements attendaient que les entreprises prennent la relève pour assurer la croissance. N'était-il pas temps de relier les baisses d'impôt des entreprises à l'investissement dans l'économie réelle, si elles avaient pour objectif d'assurer le développement ? Les mêmes questions se posaient au sujet des impôts des personnes possédant de grandes fortunes, dont certaines se retrouvaient dans les paradis ou quasi-paradis fiscaux de façon légale ou illégale. Les questions climatiques et environnementales devaient-elles reprendre la place qui leur revenait dans les projets de développement économique et de sécurité énergétique dont les conservateurs faisaient désormais leur priorité ?

Une conséquence négative du Plan a été le haut niveau de l'endettement privé des citoyens et de l'endettement public des provinces, un endettement lié à leur participation à la relance. Les premiers assurèrent celle-ci par l'augmentation de leurs dépenses consacrées à la consommation et à l'immobilier, les autres par leurs programmes accélérés en infrastructures et en immobilisations, ainsi que par le retrait relatif du financement du gouvernement fédéral de certains programmes, plus particulièrement ceux liés à la santé.

La volonté des provinces de réduire très rapidement leur déficit, sous l'œil sévère et insouciant des agences de notation américaines, provoqua alors des troubles sociaux et bouleversa les milieux de l'éducation et de la santé. On s'est vite rendu compte que la sortie de la crise financière, malgré son succès à court terme, n'avait pas réglé des problèmes structurels aux racines plus profondes. Il faudrait bien un jour s'y attaquer, qu'ils soient d'ordre politique (la répartition des pouvoirs et la démocratie), économique (le modèle de développement attentif aux questions climatiques et environnementales), financier (la régulation des institutions et leur contrôle), social (l'inégalité des revenus et le vieillissement) ou culturel (l'éducation et la question identitaire).

E- Une surprise : l'Islande

Arrêtons-nous maintenant à la réaction très différente d'un tout petit État qui peut servir de modèle alternatif. L'Islande a été le premier pays pour lequel on a évoqué une possibilité de faillite nationale, à la surprise de tous. Pays nordique peuplé d'un peu plus de 300 000 habitants, on parlait de lui, au début de 2007, comme d'un modèle en matière de développement économique, et il trônait au sommet du classement mondial pour l'indice de développement humain. Ses principales ressources sont la pêche, l'aluminium et la géothermie, qui lui procure son énergie principale. Il avait largement profité de son entrée dans l'Espace économique européen en 1994, tout en gardant sa propre monnaie, la couronne islandaise. Son système bancaire avait connu, dans les années 2000, une croissance sans précédent, liée à l'exploitation de plus en plus grande de ses succursales en pays étrangers et à l'utilisation du prêt et de produits dérivés. Diverses études affirment que ses banques avaient accumulé un volume d'affaires qui représentait dix fois le PIB du pays, profitant de la faible régulation du système financier islandais et de l'abondance de liquidités sur les marchés intérieur et étranger.

La crise financière mondiale de 2008 mit à mal ce système bancaire, qui n'arriva plus à se refinancer. La valeur de la couronne islandaise est passée de 120 couronnes pour un euro en janvier 2008 à 200 couronnes pour un euro en octobre de la même année.

À la fin de septembre 2008, les risques de l'effondrement du système bancaire islandais et même d'une faillite nationale amenèrent le gouvernement à nationaliser les trois principales banques, la Glitnir, la Kaupthing et la Landsbanki. Cette dernière possédait une filiale, Icesave, qui était une banque d'épargne en ligne offrant des comptes d'épargne destinés aux citoyens du Royaume-Uni et des Pays-Bas en particulier. Le 7 octobre, la Landsbanki annonça le blocage des comptes bancaires d'Icesave. Les gouvernements britannique et néerlandais, dont les citoyens subissaient déjà les effets de la crise des *subprimes* et de la crise financière mondiale, craignirent que l'effet de panique des clients d'Icesave, qui voyaient leur épargne gelée, se répande sur tout leur système bancaire et que des clients cherchent à récupérer leur argent au plus vite, de crainte de ne plus y avoir accès. Devant l'absence d'engagement ferme du gouvernement islandais de rembourser ses citoyens clients d'Icesave, le gouvernement britannique décida de les rembourser lui-même et se retourna par la suite vers le gouvernement islandais pour réclamer une compensation. Du même coup, il bloqua les avoirs de la branche britannique d'Icesave. Ces interventions provoquèrent une nouvelle chute de la couronne islandaise : le 9 octobre, elle était échangée à un cours de 340 contre 1 euro. En plus, du 29 septembre au 10 octobre, la notation de la dette souveraine islandaise était passée, dans l'agence Fitch, de A+ à BBB, et, dans Standard & Poor's, de A- à BBB.

Cette situation conduisit à une crise politique externe avec le Royaume-Uni et les Pays-Bas lors de négociations visant à trouver un accord sur les modalités de remboursement de l'argent qui leur était dû, et à une crise politique interne provoquée par le soulèvement du peuple islandais, qui refusa, à deux reprises, les accords négociés entre les gouvernements. La crise externe s'est réglée en 2011, et un premier remboursement de plus de 400 milliards de couronnes islandaises, soit le tiers de la dette due aux Anglais et aux Hollandais, a été acquitté. En même temps, la crise interne a conduit à une démission du gouvernement, à une nouvelle constitution et à la condamnation des banquiers responsables de la débandade. Le premier ministre Haarde, au pouvoir de 2007 à 2009, dut répondre en Cour spéciale de ses responsabilités dans l'effondrement du système financier et fut condamné pour son inaction, mais non sanctionné.

L'Islande, pour s'en sortir, obtint des prêts du FMI et de pays proches. Elle se donna elle-même un plan d'austérité différent des exigences habituelles du FMI. Elle recourut à un rééchelonnement raisonnable de la dette, à un abaissement du taux d'intérêt et surtout à une limitation de la garantie de remboursement de l'État en liant celle-ci à l'évolution du PIB afin d'éviter une longue récession. Elle a aussi favorisé une dévaluation de sa monnaie, ce qui lui a permis d'améliorer rapidement ses exportations. Elle a d'autre part entériné une nouvelle régulation de ses activités bancaires. Elle a signé avec les syndicats un pacte de stabilité comprenant un gel des salaires, la diminution des salaires des ministres, des députés et de la haute administration, un plan de résorption partielle de l'endettement des ménages. Enfin, elle a réformé et consolidé son système bancaire, qui était à la source même de la crise qu'elle avait connue. Grâce à toutes ces mesures, l'Islande, contrairement à d'autres pays, sortit rapidement de la crise. Les Islandais ont certes perdu une partie de leur niveau de vie pour une courte période de temps, mais ils n'ont abrogé aucune de leurs principales politiques sociales.

Dès 2011, l'Islande a connu un taux de croissance de 2,1 % du PIB et une baisse du taux de chômage à 6 %. Elle a commencé à rembourser le FMI avant l'échéance prévue. Elle a même mérité les félicitations de cet organisme pour sa sortie de crise. Ses façons de faire auraient dû influencer d'autres pays lourdement touchés ainsi que les instances internationales.

Cependant, se pose aujourd'hui au peuple islandais une question qui le déchire : doit-il conserver sa monnaie, qui, d'un côté, a donné une ampleur considérable à la crise en 2008, mais, d'un autre côté, lui a aussi permis de s'en sortir plus facilement que les pays de la zone euro, ou s'intégrer à la Communauté européenne et adopter l'euro comme monnaie ? La première ministre favorise cette seconde option et a entrepris des démarches à cette fin. Elle espère soumettre un projet à la population lors d'un référendum en 2013, si les pourparlers et les négociations avec la Communauté européenne sont terminés. Une partie de la population s'oppose à cette orientation dans le contexte de ce que l'on appelle la crise de l'euro qui marque le monde financier depuis 2010 et qui, à première vue, n'arrive pas à se régler.

Au terme de ce long périple de 2007 à 2013, qui nous a menés des États-Unis à l'Islande, que pouvons-nous tirer de ces différentes expériences de sortie de crise ? Si la crise systémique est liée nettement à un système financier mondialisé autorégulé par le marché, les différentes sorties de crise tiennent plus de la singularité des systèmes politiques et de leurs dirigeants. Quelles leçons retenir de leurs expériences ?

4

LEÇONS ET DÉFIS

AU COURS DES DERNIÈRES ANNÉES, on a souvent comparé la crise financière et économique actuelle à la Grande Dépression de 1929. Il est normal qu'on soit porté, dans un premier temps, à chercher dans cette expérience qui a marqué la génération qui nous a précédés les solutions qui, selon plusieurs analystes, l'ont amenée à s'en sortir. Rappelons les deux avenues les plus souvent mentionnées.

Plusieurs de ceux qui ont traversé péniblement, dans la misère, toutes les années trente, sans jamais percevoir aucune amélioration de la situation, et qui en gardent de douloureux souvenirs répondent bien simplement: « C'est la Seconde Guerre mondiale qui a remis les choses en place et qui a fait repartir l'économie. » Si nous pouvons affirmer cela spontanément de ce côté-ci de l'Atlantique, nous dont l'économie a largement profité de l'après-guerre, il n'en est pas de même en Europe, qui a été décimée par des millions de militaires tués sur les champs de bataille, de civils bombardés, de victimes des camps de concentration. Les villes et les campagnes avaient connu d'importantes destructions. Après l'armistice, les populations ont continué à souffrir du rationnement, à connaître la misère, ont tenté de survivre à la décomposition des familles et à la honte suscitée par les trahisons, les camps de concentration, les violences faites aux femmes et aux enfants. On ne peut tout de même pas retenir la guerre comme façon de se sortir du bourbier, même si l'histoire nous enseigne qu'il est arrivé bien souvent que ce fut une voie utilisée par des dirigeants qui avaient quelque peine à asseoir leur pouvoir et à assurer le développement de leur pays.

Comme seconde explication à la sortie de la crise, on invoque le *New Deal* de Roosevelt, qui favorisait un interventionnisme politique fort afin de réduire le chômage par l'investissement de l'État et l'augmentation des liquidités. Cette thèse était largement répandue jusqu'à la fin des années soixante et était associée à l'économiste britannique John Maynard Keynes, qui avait affirmé, en 1936, dans son livre intitulé *Théorie générale de l'emploi, de l'intérêt et de la monnaie*:

> Les deux vices marquants du monde économique où nous vivons sont, le premier, que le plein emploi n'est pas assuré, le second, que la répartition de

la fortune et du revenu y est arbitraire et manque d'équité.

On pourrait reprendre ce même diagnostic aujourd'hui.

Associé à la loi Glass-Steagall, qui mettait de l'ordre dans les banques, le keynésianisme a été considéré comme le pivot de l'économie de l'après-guerre, marquée par le plan Marshall et soutenue par la production et la consommation de masse qui se sont développées pendant les « trente glorieuses » (années 1945 à 1975). Il a donné naissance à la théorie de l'État providence, qui concentrait en son sein l'initiative du développement économique et social et qui a eu une grande influence lors de la présidence de John Kennedy aux États-Unis et au moment de la Révolution tranquille au Québec. Par la suite, Keynes a été contesté par des économistes tels que Milton Friedman qui ont fait une lecture différente des statistiques économiques des années trente et de l'après-guerre et qui ont prôné le retour au libéralisme économique et au désengagement de l'État. Ils ont influencé les gouvernements Reagan aux États-Unis et Thatcher en Grande-Bretagne et ouvert toutes grandes les portes à la mondialisation financière et à la dérégulation.

Ces considérations historiques sont importantes, et il est vrai que les grandes théories économiques de Keynes et de Friedman, évoquées brièvement, marquent encore les débats aujourd'hui et influencent les politiques choisies par les uns et les autres. On ne peut ignorer cependant que la crise financière du XXIe siècle a des caractéristiques qui lui sont propres, et elle exige des prises de position adaptées et novatrices. Dans un premier temps, tirons quelques leçons de la gestion économique et financière diversifiée de ces dernières années.

A- Le rôle de l'État

La crise a été plus grave et plus longue qu'on ne l'avait pensé. Les gouvernements ne pouvaient se contenter de réagir comme ils l'avaient fait lors des crises précédentes des années 1980, 1990 et 2000, c'est-à-dire en jouant avec le taux d'intérêt directeur, qui déjà était au plus bas. La contagion d'une région économique à l'autre était forte. La mondialisation financière faisait en sorte qu'un pays durement frappé ne pouvait être isolé. Aucun n'échappait totalement au cataclysme, d'autant plus que deux des trois plus grandes économies mondiales étaient gravement touchées.

On a constaté que les pays qui avaient promu l'austérité budgétaire comme remède presque exclusif connaissaient une hausse continue du chômage et des endettements de plus en plus lourds sur lesquels les milieux financiers, encouragés par les agences de notation, exigeaient des taux d'intérêt très élevés. Devant une telle situation, on s'est rendu compte que les gouvernements qui s'en sont le mieux sortis s'étaient inspirés des expériences du *New Deal* de Roosevelt et du Plan Marshall qui avait réalisé la reconstruction de l'Europe après la Seconde Guerre. L'attention était portée à la création d'emplois et à la restructuration de l'économie par l'investissement. Les gouvernements de la Chine et du Canada l'avaient bien compris. On a même dit de l'un, sous le contrôle du Parti communiste, et de l'autre, ayant à sa tête un premier ministre conservateur, qu'ils avaient adopté une politique économique keynésienne. *Le Figaro,* au début de janvier 2009, titrait: « John Maynard Keynes, l'homme de l'année 2009. »

Souvenons-nous que cet économiste, décédé en 1946, avait dénoncé le traité de Versailles conclu après la Première Guerre mondiale, car il considérait que les réparations exorbitantes exigées de l'Allemagne conduiraient l'Europe à une catastrophe. Il avait aussi fait la critique des premières approches du *New Deal* de Roosevelt, considérant que son premier programme était insuffisant, trop timide. Ses prédictions se révélèrent exactes et ses théories prirent de l'importance. Son mot d'ordre était simple: l'État doit tout faire pour relancer l'économie et, en temps de crise, il doit le faire rapidement et avec une force d'impact réel à court terme. C'est ce cri du cœur que reprend Paul Krugman, Prix Nobel d'économie, dans le titre de son livre *Sortez-nous de cette crise... maintenant!* Les théories de Keynes, qui avaient été mises de côté au début des années 1980, reprennent vie dans le contexte actuel. Ses disciples refont surface, les plans de relance s'inspirent de ses orientations, mais, surtout, de ses préoccupations: la création d'emplois, la lutte contre le chômage, la recherche de la paix. Comme lui, ils sont à la recherche d'un capitalisme respectueux de la liberté et des droits de la personne, soucieux de la réduction des écarts de revenus et de la recherche du bien commun.

Une autre caractéristique de l'œuvre de Keynes est son pragmatisme. Il a toujours lutté contre les économistes dont les théories tournaient à l'idéologie et qui ne savaient pas s'adapter aux circonstances et reconnaître les effets des décisions prises non seulement sur les populations en général et à long terme, mais sur les êtres humains ici et maintenant. Il n'adhérait pas à la théorie du marché parfait et aux seules données mathématiques. Dans la crise actuelle, on s'est rendu compte que les gouvernements qui ont le mieux réussi sont ceux qui ont su réagir rapidement, corriger le tir lorsque c'était nécessaire et prendre des décisions qui paraissaient à première vue financièrement indéfendables afin de pallier des détresses insoutenables et des souffrances intolérables.

Un facteur important de succès d'un plan de relance est aussi d'y associer les différents paliers de gouvernement, les différentes institutions et la société civile afin que le plus grand nombre de citoyens adhèrent à ce qui reste malgré tout un effort exigeant et contraignant, et afin que la coordination des efforts ait un effet multiplicateur. L'exemple de l'Islande est remarquable de ce point de vue. L'État central ne peut agir seul. Il a besoin de relais structurels pour atteindre ses objectifs, mais aussi de l'implication des organismes et des citoyens pour éviter que la population la plus vulnérable soit touchée à court terme en attendant les redressements qui prennent toujours un certain temps à se réaliser.

Certaines conditions doivent être respectées pour assurer cette collaboration. Le plan de relance doit être clair, précis, compréhensible et créer à court terme des effets économiques et sociaux durables sur le plan personnel et collectif. Tel fut le cas, par exemple, du programme canadien de rénovation domiciliaire ou de la restructuration de l'industrie automobile en Amérique du Nord.

Les efforts demandés aux uns et aux autres doivent être équitablement partagés. Ce qui signifie qu'il est normal que l'on demande plus à ceux qui sont fortunés, que l'on mette un terme aux privilèges indus, qu'on lutte en premier lieu contre ceux qui ne paient pas leur juste part d'impôt ou de taxes. Cette seconde condition a été plus difficilement respectée. Plusieurs gouvernements ont tenté d'augmenter les impôts des classes les plus fortunées : peu y sont parvenus de façon efficace. La résistance des lobbys a été tenace et la longue propagande contre les impôts et l'intervention de l'État a joué. Les gouvernements américain, québécois et français ont dû réduire leurs objectifs fiscaux. Pourtant, les personnes représentées par ces mêmes lobbys ont su profiter des investissements supplémentaires de l'État avant et pendant la crise. La Commission Charbonneau, qui fait actuellement la lumière sur la collusion et la corruption entre les grandes firmes de construction et de génie et les partis politiques au Québec, démasque bien les détournements de fonds qui se sont produits au moment où l'État investissait de façon accélérée dans les infrastructures pour soutenir l'emploi. La même réalité, avec une coloration mafieuse, semble avoir été à la base de la bulle immobilière espagnole.

B- Le fléau de l'impunité

Les populations sont aussi en droit de s'attendre à ce que les personnes et les institutions qui ont été les premières responsables de la crise soient remises à l'ordre. Que l'on sévisse contre celles qui ont fait des manœuvres malhonnêtes. Que l'on s'assure d'apporter les correctifs adéquats aux systèmes bancaire et financier de même qu'à la réglementation et à la législation qui les concernent. Le système judiciaire est particulièrement déficient lorsqu'il s'agit de cerner et de punir les crimes économiques et de s'attaquer aux paradis fiscaux.

Les troubles sociaux et les révoltes qui éclatent tiennent beaucoup au fait que les populations ont l'impression que les lobbys financiers et économiques contrôlent les gouvernements, que ces derniers sont impuissants à remettre l'économie en marche, à s'attaquer au chômage, à la pauvreté et à l'augmentation galopante de l'écart des revenus. Cette perception est confortée par les débats aux États-Unis sur la dette, l'impôt, les armes à feu et les risques climatiques ; par les révélations sur la collusion et la corruption au Québec, en Chine et en Espagne ; par la manipulation des taux d'intérêt directeurs par de grandes banques britanniques et suisses ; par l'hypocrisie de tant de pays qui favorisent l'évasion fiscale en créant des paradis fiscaux, en prenant certaines décisions d'affaires qui s'y apparentent ou en rendant légales des pratiques d'évasion fiscale que l'on dénomme élégamment l'« optimisation fiscale ». On joue souvent sur les mots et on se sert de la complexité des lois fiscales pour détourner les objectifs d'une saine fiscalité. Les populations, étant incapables de cerner toutes les techniques utilisées pour pratiquer ces détournements, n'ont que la possibilité de manifester leur indignation.

Lors de sa dernière rencontre, en Irlande en juin 2013, le G8 a certes fait un pas dans la bonne direction pour combattre le fléau de l'évasion fiscale, qui fait perdre chaque année jusqu'à 30 000 milliards de revenus fiscaux à l'ensemble des pays. Le G8 a favorisé l'échange d'informations entre les pays, mais une fois de plus, le Canada et les États-Unis se sont unis, comme ils le font aussi sur les questions environnementales, pour combattre une proposition qui, si elle avait été adoptée, aurait conduit à la création de registres publics faisant connaître les sociétés et les personnes bénéficiaires des différentes manœuvres d'évasion fiscale. Pourtant, la dénonciation publique est nécessaire pour faire bouger les choses. Le G8 n'a-t-il pas lui-même promis d'établir de nouvelles normes pour rattraper les délinquants fiscaux majeurs que sont des multinationales telles que Google, Apple et Starbucks ? Il est à noter que cette dernière se présente comme promotrice du café équitable !

C- Revenir à la mission première des banques

La crise nous invite fortement à ramener les banques et les grandes entreprises à leur raison d'être. Joseph E. Stiglitz rappelle ceci :

> Le système bancaire a deux missions essentielles. La première est de fournir un mécanisme de paiement efficace : la banque facilite les transactions en transférant l'argent de ses déposants à ceux qui leur vendent des biens et des services. La seconde

consiste à évaluer et à gérer le risque et à consentir des prêts.

Ces deux missions sont interreliées et fondamentales. Elles doivent demeurer le cœur de l'activité bancaire. La gestion du risque doit devenir une priorité. Elle commande l'attention continue des gestionnaires, la recherche de techniques pertinentes pour le définir et l'accès à un personnel de surveillance adéquat. Elle impose une réglementation sévère qui met des balises à la recherche de l'argent facile par la multiplication de transactions spéculatives hautement tarifées et automatisées.

Il est important pour les banques de stabiliser leurs fonds propres, qui doivent constituer une partie substantielle des avoirs qu'elles détiennent. Ils assurent leur solvabilité et les liquidités nécessaires à leurs opérations. Ainsi, les déposants peuvent toujours avoir accès à leurs dépôts, qui sont parfaitement garantis. Dans leurs activités, les banques ne peuvent agir de n'importe quelle façon avec l'argent des autres. Au cours des dernières décennies, leur champ d'intervention s'est élargi grâce à la déréglementation. Si l'on ne peut revenir en arrière et séparer de nouveau les banques de dépôt et les banques d'investissement ou de développement en institutions distinctes, il faut au moins définir de façon claire le cadre légal du dépôt ou du crédit ordinaire, et le cadre légal du crédit d'investissement ou de développement.

Les banques sont censées être au service des citoyens et des entreprises. C'est à ce titre qu'elles sont des institutions nécessaires dans une collectivité. Favorisant une mise en commun des épargnes et la circulation des biens et de l'argent, elles doivent assurer à la fois le développement des milieux et la sécurité de l'épargne des déposants. La spéculation et la priorité donnée au gain à court terme, favorisées par la financiarisation de l'économie, ne devraient certes pas devenir leur priorité. Seuls une réglementation précise et des organismes de surveillance alertes peuvent empêcher cette dérive stimulée par l'appât du gain et la concurrence.

D- Les agences de notation écorchées

On a blâmé avec raison les trois grandes agences de notation que sont Moody's, Standard & Poor's et Fitch Ratings dans le scandale des *subprimes.* On leur a reproché de surévaluer les hypothèques à risque et le papier commercial. On a souligné que le mode de rémunération des agences de notation selon le principe émetteur-payeur les mettait en situation de conflits d'intérêts. Elles étaient financées par ceux-là mêmes qu'elles avaient à évaluer et à noter. Dans les cas de titrisation, elles évaluaient, *a posteriori,* des opérations qu'elles avaient aidé à créer comme consultantes.

Cette situation a conduit le gouvernement américain, en 2010, à adopter le Dodd-Frank Wall Street Reform and Consumer Protection Act, qui instaure pour les agences de notation de nouvelles règles en matière de transparence et de reddition de comptes afin de protéger les investisseurs. C'était certes un pas nécessaire, mais les agences de notation jouissent encore aujourd'hui d'une trop forte influence. On continue à se fier à elles ; on considère comme vérité ou fait ce qu'elles présentent elles-mêmes comme de simples opinions.

Heureusement, les investisseurs les plus sages ont compris que la notation des agences n'était qu'une donnée parmi d'autres et qu'il fallait la relativiser. Qu'ils soient des investisseurs responsables des grandes caisses de retraite comme la CDP ou des investisseurs personnels, ils ont accepté de plus en plus, depuis la crise, d'investir eux-mêmes dans l'évaluation des divers titres et obligations, dans la recherche multidisciplinaire et dans l'analyse des risques. Ils ont appris à être moins crédules vis-à-vis des agences et à moins se laisser emporter par l'idéologie de la financiarisation et du court terme. Mais la bataille n'est pas gagnée : la foi dans les cotes demeure forte et est soutenue par une technologie d'avant-garde qui privilégie les analyses mathématiques. Les médias raffolent de ces cotes quotidiennes, les assimilant à des analyses à l'apparence précise et scientifique.

La crise des dettes souveraines européennes a soulevé une critique des agences de notation encore plus véhémente. Ces dernières ont abaissé régulièrement la cote de crédit des pays qui s'étaient endettés pour sauver leur système bancaire. Elles ont mis le doute sur la capacité de ces pays de s'acquitter de leurs obligations. Du coup, elles ont fait augmenter les taux d'intérêt auquel les États pouvaient emprunter et, par conséquent, le poids de leur endettement. Elles ont ainsi provoqué ce qu'elles avaient annoncé. Elles ont été plus que des prophètes de malheur. Elles ont été, selon le chef économique de l'OCDE Pier Carlo Padoan, des créatrices de prophéties qui s'autoréalisent. Bien plus, leur influence nocive conduit des gouvernements élus à adopter des politiques d'austérité contraires au bien commun, ou même à démissionner.

Il ne faut pas se surprendre de la rébellion de la Communauté européenne contre ces agences, de la remise en question de leur action, de leur indépendance et de leur transparence. Après de nombreuses délibérations, la Communauté européenne a adopté des règles plus strictes. Ces règles imposent d'abord aux établissements financiers de renforcer leur propre évaluation du risque de crédit, plutôt que de trop se fier à des notations externes. Elles déterminent un calendrier précis à respecter par les agences de crédit lors de leur publication des notations des pays et exigent une information sur les hypothèses et les faits qui sont à la base de l'évaluation. Elles prévoient des mécanismes pour favoriser l'élimination des conflits d'intérêts.

Ces diverses mesures vont améliorer la situation, mais ne pourront pas éliminer une tendance forte du marché libre : profiter du malheur des autres pour s'enrichir à court terme en se soumettant aux prophéties autoréalisatrices.

E- Éthique des entreprises et salaires des dirigeants

On a beaucoup parlé, au cours des dernières années, de la gouvernance des grandes firmes et de leur responsabilité sociale et environnementale. Beaucoup d'entre elles ont adopté des règles de gouvernance et des codes d'éthique et se sont donné des politiques de développement durable ou d'investissement responsable. Cela s'est fait petit à petit et sous un mode qui ne bouleversait rien. On pourrait croire que l'on est sur la bonne voie. Pourtant, si l'on regarde de plus près, on s'aperçoit que, dans bien des cas, ces firmes cherchaient à soigner leur image lorsqu'elles étaient remises en question, à éviter le risque de ternir leur réputation et à échapper à la mauvaise publicité, à faire comme les autres, mais elles n'allaient pas au fond des choses.

Soyons clair. Au départ, la nouvelle gouvernance cherchait avant tout à protéger les actionnaires contre la direction afin de favoriser un partage plus équitable des profits entre ces deux groupes de possédants. Ainsi, on a tenté de changer les règles de nomination des dirigeants aux conseils d'administration pour mieux marquer la distance par rapport au personnel de direction, mais on s'est rendu compte que l'on se tournait vers des candidats externes partageant les mêmes affinités et les mêmes façons de voir. Prenons un exemple concret : la détermination du salaire et des autres avantages des dirigeants d'entreprise.

Devant l'explosion des salaires des dirigeants, qui, aux États-Unis, ont augmenté de 37,4 % depuis 2009 alors que le salaire des salariés n'arrivait pas à suivre l'inflation, plusieurs gouvernements ont demandé ou exigé, selon le cas, un vote explicite des actionnaires sur la rémunération des dirigeants des entreprises inscrites en bourse lors de l'assemblée annuelle, espérant ainsi mettre un frein à cette tendance considérée comme dangereuse pour la paix sociale. Surprise ! Aux États-Unis, où le vote est obligatoire mais consultatif depuis trois ans, les augmentations de revenus des dirigeants ont été acceptées, cette année, dans plus de 90 % des cas, telles qu'elles avaient été proposées, et ce, par les trois quarts des votants, même si ces revenus représentent 273 fois la rémunération du salarié moyen. Faut-il s'en surprendre ? Dans la mesure où la valeur des actions ou des dividendes augmente, les actionnaires acceptent les yeux fermés les propositions des dirigeants et du conseil d'administration. Tous sont fixés sur le même et unique objectif: faire toujours plus d'argent et à court terme. Pour fixer les salaires, on les compare toujours à ceux qui gagnent plus que soi. Afin de rectifier le tir et de porter un autre regard sur la situation, il faudra trouver d'autres moyens que de faire appel aux dirigeants et aux propriétaires.

Qu'en est-il des codes d'éthique? Ils promulguent certaines valeurs et visent à assurer la fidélité à l'entreprise, la protection de l'information, la confidentialité, un certain contrôle des dépenses liées aux fonctions et une gestion des conflits d'intérêts. On utilise l'éthique comme garde-fou à l'interne, comme code de conduite, comme protectrice de l'image de l'entreprise. Il faut dépasser cette vision étroite et utilitariste. Ce qui devrait être en cause, tant dans la gouvernance, l'éthique, la protection de l'environnement, c'est la responsabilité de l'entreprise vis-à-vis de l'ensemble de ses parties prenantes: employés, clients, actionnaires, direction, communauté dans laquelle elle est insérée et qui fournit des infrastructures et des travailleurs. Seule une telle approche est porteuse d'avenir.

Comme les banques, les entreprises doivent réviser régulièrement leur mission, qui est d'offrir des biens et des services de qualité, de fournir des emplois stables et d'être solidaires avec les milieux dans lesquels elles s'investissent. C'est cette mission qui doit inspirer leur gouvernance, leur éthique et leur investissement responsable. La crise financière a démontré que la recherche de l'argent vite fait par les actionnaires et les dirigeants grâce à la spéculation et à l'attrait pour les activités de prêts a au contraire conduit au bord de la faillite de grandes entreprises comme General Electric et General Motors.

F- Des défis d'une ampleur nouvelle

Chaque pays a aussi sans doute à tirer, de la dernière crise financière, des leçons qui lui sont propres, des leçons qui dépendent de son histoire, de sa culture, de sa démographie, de son développement économique et social, de son territoire avec ses richesses et ses déficiences. Chacun a ses devoirs à faire pour transformer les institutions qu'il s'est données afin qu'elles répondent plus efficacement aux besoins actuels et pour favoriser l'engagement des communautés locales et des citoyens à l'amélioration de leur qualité de vie. Il n'y aura pas de solutions faciles ni, à plus forte raison, uniques. La complexité doit être prise en compte. La vigilance est de mise et doit s'exercer à l'égard de nos actions et de leurs conséquences, étant donné l'importance des interactions entre les différentes économies et les systèmes politiques. Il y a peu de place pour les idéologies fermées et encore moins pour une gestion purement financière ou économique qui ne tiendrait pas compte des impacts sur les populations et sur l'avenir de la planète.

Dans cet effort nécessaire, les responsables politiques et institutionnels, et la société civile elle-même, se butent cependant à des obstacles dont ils ont peine à mesurer l'ampleur. Ils font face à de véritables révolutions qui débordent leurs frontières et mettent à mal leurs institutions, leur manière de penser le monde et l'homme lui-même.

Les États semblent perdre le contrôle de leur système financier et économique devant la mondialisation financière, comme nous l'avons évoqué plus haut. Ils subissent sans cesse les contrecoups de décisions sur lesquelles ils n'ont pas de prise.

Le développement de la génétique remet en question une institution aussi fondamentale que la famille et révolutionne les systèmes de santé, posant à la bioéthique de nouvelles problématiques, telles que la possibilité de la naissance d'enfants hors de l'utérus.

Les études climatiques nous amènent à craindre pour la survie des humains sur la planète Terre. À court terme, on pourrait assister à des déplacements importants de populations causés soit par l'inondation de vastes territoires consécutive à la fonte des glaces polaires, soit par la désertification de grands espaces conséquente aux hausses importantes des températures. Un rapport de la Banque mondiale sur le climat, publié le 19 juin 2013, analyse les impacts d'une hausse de la température de 2 à 4 degrés Celsius. Les scientifiques du Potsdam Institute for Climate Impact Research et du Climate Analytics qui ont travaillé pour la Banque mondiale affirment que ce scénario risque de se réaliser d'ici 20 ou 30 ans. Il provoquera des pénuries alimentaires généralisées, des vagues de chaleur sans précédent et des cyclones plus intenses. En Afrique, en Asie du Sud et en Asie du Sud-Est, les communautés pauvres des villes du littoral et des îles de faible altitude seront les plus vulnérables. Elles paieront de leur vie les excès de ceux qui, au Nord, auront le plus contribué au réchauffement de la température.

La révolution numérique, liée à la croissance rapide des technologies de l'information et des communications ainsi qu'à l'innovation galopante des systèmes numériques, bouleverse les modes de comportement et de communication, remet en question les systèmes d'éducation et la diffusion de l'information. Elle a modifié la façon de gérer les affaires commerciales, économiques et financières. Elle s'est infiltrée dans la sphère politique grâce à Facebook et à Twitter, comme on a pu le constater lors du Printemps arabe ou lors de l'élection du pape François. En l'an 2000, un milliard de personnes possédaient un téléphone portable. À la fin du premier semestre 2012, elles étaient six milliards, provenant de tous les continents, soit plus de 75 % de la population mondiale. Le tiers de la population avait aussi accès à Internet. Il ne faut pas s'étonner que les jeunes générations se considèrent comme citoyens du monde.

Ces révolutions marquent profondément les sociétés. Elles annoncent la fin d'un monde et probablement la naissance d'une nouvelle civilisation qui mettra fin à l'hégémonie du monde occidental européen et nord-américain. Le règlement à plus long terme de la crise financière ne se fera pas seulement en s'attaquant aux causes immédiates des différentes bulles et erreurs qui ont été évoquées et en favorisant une meilleure et indispensable régulation du système bancaire, mais exigera aussi que l'on prenne en compte sérieusement les effets de ces développements scientifiques et technologiques exceptionnels sur les populations et sur le devenir de l'humanité. Il appartient à chaque pays, à chaque communauté locale, à chaque institution de se positionner, de faire des choix difficiles et de se transformer elle-même de façon substantielle devant ces défis.

Mais il apparaît clairement que, dans la situation actuelle marquée par l'importance de l'interconnexion entre tous les pays, par l'impossibilité de penser assurer l'étanchéité des frontières et le contrôle de l'information et de la communication, il devient urgent d'ouvrir à nouveau la réflexion sur la nécessité d'un gouvernement du monde ou tout au moins d'instances internationales fortes. Celles-ci devraient avoir le pouvoir d'intervenir pour protéger la planète Terre de la forte capacité dévastatrice des humains ; pour favoriser la diminution des écarts de revenus entre les pays et entre les gens d'un même pays, et éviter ainsi les violences de toute sorte ; pour empêcher que des groupes de criminels en cravate, masqués ou en hordes sauvages s'approprient les richesses communes et exercent un contrôle sournois sur l'avenir.

On nous dira sans doute que c'est un projet irréaliste, une utopie, une fuite devant les défis économiques immédiats. Il faut répondre à cette objection en insistant sur une chose : c'est la seule façon de redonner la priorité au politique, qui est responsable du bien commun et qui a autorité pour légiférer, réglementer et utiliser la force de façon légitime. La reconnaissance d'un pouvoir politique mondial est nécessaire pour que les grands développements de la science et de la technique ne se fassent pas contre l'humanité livrée à une guerre économique désastreuse, mais au bénéfice de tous et pour que la planète soit protégée.

Malgré leurs différends et en dépit de certains échecs, n'est-ce pas ce besoin d'une telle instance que reconnaissent de plus en plus les dirigeants politiques, eux qui multiplient les occasions de rencontres, qui cherchent à établir différents pactes, qui créent des organismes internationaux? Isolés, ils perçoivent que la tâche dépasse leur capacité d'intervention et qu'ils sont souvent manipulés par des lobbys puissants qui les détournent des besoins de leurs concitoyens et de leurs premières responsabilités. Peut-être reconnaissent-ils en même temps que c'est le seul moyen qu'ils ont de vraiment sortir de la crise et d'empêcher qu'un autre évènement d'une telle ampleur se reproduise. Si c'est le cas, la crise aura été pour eux l'occasion de porter un jugement critique, ce qui rejoint la conception qu'a la philosophie grecque du mot *xrisis.*

5

VERS UN GOUVERNEMENT MONDIAL?

En 2010, Jacques Attali pose la question du gouvernement du monde dans son livre publié chez Fayard et intitulé *Demain, qui gouvernera le monde?* Il propose une brève histoire de divers types de gouvernements depuis l'Antiquité et met en lumière le désir des plus puissants d'entre eux d'étendre leurs actions et leurs pouvoirs à l'ensemble du monde qu'ils connaissaient. Il évoque les différents empires et coalitions qui ont marqué la gloire et la misère des nations. Il insiste sur l'urgence de la situation présente et incite les dirigeants à se donner les moyens d'affronter les risques multiples que courent la planète Terre et les populations qui y habitent.

Ce livre est inspirant. Dans le contexte de la crise actuelle et de l'incapacité des pouvoirs politiques à s'attaquer aux défis rencontrés, son titre nous conduit cependant à nous demander dans un premier temps: qui gouverne actuellement le monde?

Pourquoi les divers types de gouvernements, de regroupements et d'institutions internationales ont-ils tant de difficultés à résoudre des questions telles que la croissance des inégalités, le système financier mondialisé, la régulation du nucléaire, les risques climatiques, la présence des enfants soldats, le contrôle des armements ? Pourquoi le président Obama, souvent considéré comme l'homme le plus puissant du monde, a-t-il tant de difficulté à réaliser ses promesses ? Pourquoi l'ONU n'arrive-t-elle pas à exiger le respect de ses résolutions concernant Israël ? Les réponses à ces questions peuvent être multiples et de niveaux divers. Certaines sont plus conjoncturelles, d'autres liées au type de régime politique d'un pays ou d'une organisation.

Une explication plus globale a été avancée. Elle est née dans la rue et sur la place publique, s'est développée à mesure qu'on prenait conscience de divers scandales, a fait l'objet d'études des économistes, et finalement a peu à peu reçu l'appui de grands organismes officiels et même de dirigeants politiques. C'est à elle que nous nous intéresserons. C'est elle qu'il faut sans cesse dévoiler afin de progresser dans la recherche d'un gouvernement mondial attentif aux diverses populations et aux risques que court leur environnement. Les manifestants l'ont désignée dans une brève formule : elle est « le 1 % que doivent combattre les 99 % de la population ». Peut-on mieux circonscrire ce qui apparaît comme la formation d'une oligarchie qui cherche à dominer tous les pouvoirs ?

A- Une oligarchie financière au-dessus des lois

Il n'est pas facile de cerner le phénomène de l'oligarchie financière et de le préciser. Elle ne s'affiche pas, et les données à son sujet se font rares. On peut difficilement recourir aux statistiques officielles, car, étant donné qu'elles garantissent la confidentialité, elles rendent impossible le recoupement de données qui seraient nécessaires, telles que les déclarations de revenus et l'application des diverses modalités de la fiscalité. Entre autres, elles n'informent pas sur les liens interentreprises, les cooptations d'administrateurs dans les grands conseils d'entreprise, la collusion et la corruption. Les grands organismes de presse et les institutions bancaires les plus importantes, souvent contrôlés par des membres de cette oligarchie, gardent également le silence sur ces réalités, à moins que n'éclate un scandale qu'ils n'ont pu camoufler ou qui peut éliminer un concurrent indésirable.

Pousser plus loin l'analyse et ajouter des précisions ou des primeurs à ce qui est disponible, c'est une entreprise qui demande une compétence et des moyens que nous n'avons pas. Cependant, on peut rendre compte de l'information qui circule dans les réseaux sociaux et dans certaines études historiques,

Elle confirme l'existence d'une telle oligarchie et appelle à une attention diligente et combative.

De nombreux organismes et associations, des regroupements de citoyens et diverses publications s'attaquent à l'oligarchie financière. Ces prises de position, qu'ils font souvent connaître sur le Web, proviennent la plupart du temps de personnes et de regroupements qui contestent le néolibéralisme et mettent en cause une classe financière dominante qui exerce son influence au cœur de l'État, des grandes entreprises et des banques.

Ainsi, Gilles L. Bourque, docteur en sciences économiques, directeur des Éditions Vie Économique et chercheur à l'Institut de recherche en économique contemporaine (IREC), écrit dans www.oikosblogue.coop :

> La logique de l'oligarchie financière domine encore l'industrie de la finance : le profit maximum, peu importe la manière d'y arriver, en violant la loi lorsqu'il le faut. [...] On se croit tout permis, au-dessus des lois, parce que domine une certaine vision du monde qui justifie leurs comportements de prédateurs sans foi ni loi. [...] Selon un sondage réalisé par Labaton Sucharow auprès de 500 dirigeants de Wall Street, le quart des répondants estiment que les employés du secteur de la finance ne peuvent pas progresser dans la profession sans accepter de s'engager dans des pratiques illégales ou immorales, alors que 30 % indiquent que le mode de rémunération crée des pressions en ce sens !

Plus que jamais au cours des dernières années, les médias ont rapporté l'existence de salaires excessivement élevés et de bonis déraisonnables dépassant largement les salaires de base. Des indemnités de départ ou des bénéfices énormes ont été accordés à des dirigeants qui ont restructuré une banque ou une institution financière qui avait subi le contrecoup d'une crise dont elle était en grande partie responsable. Ces opérations ont été réalisées aux dépens des employés, des clients, des citoyens. En 2011, le site du groupe *Le Monde.fr* rapportait que, « de 2004 à 2007, la banque Wachonia [enregistrée au Luxembourg] a blanchi 378 milliards de dollars pour le compte de cartels mexicains de la drogue, en ignorant délibérément les multiples alertes lancées par l'un de ses salariés ». Le texte faisait le récit détaillé de cette expérience sous le titre *Criminalité. La banque qui aimait (trop) l'argent sale.* Sur son site personnel, Andrew Gavin Marshall, en décembre 2012, proposait un commentaire fort pertinent sur les responsables de la Banque HSBC qui admettait leur rôle dans le blanchiment de l'argent de la drogue.

Dans de nombreux blogues appartenant à des réseaux sociaux, on présente des extraits du livre de Dean Henderson intitulé *Big Oil & Their Bankers in the Persian Gulf. Four Horsemen, Eight Families and Their Global Intelligence, Narcotics and Terror Networks.* Cet ouvrage a été vendu à plus de

700 000 exemplaires. Il est le résultat de 15 ans de recherche. Henderson y établit les liens entre ceux qui ont le plus de poids dans l'oligarchie financière. Le titre du volume laisse déjà entrevoir les résultats de ses travaux. Il désigne d'abord ce qu'il appelle les quatre cavaliers du système bancaire américain (Bank of America, JPMorgan Chase, Citigroup et Wells Fargo), qui possèdent les quatre cavaliers du pétrole (Exxon Mobil, Royal Dutch/Shell, BP Amoco et ChevronTexaco) et qui travaillent en tandem avec, entre autres, la Deutsche Bank, la BNP, Barclays. Il affirme que les quatre cavaliers de la banque sont parmi les 10 actionnaires majeurs de pratiquement toutes les entreprises figurant dans le groupe des 500 plus grandes entreprises reconnues par la revue *Fortune*. Malgré les difficultés qu'il a rencontrées pour colliger les données, il arrive à déterminer les noms de huit familles qui sont au sommet de l'oligarchie financière et économique : quatre familles américaines (les Goldman-Sachs, Rockefeller, Lehman et Kuhn Loeb), les Rothschild de Paris et de Londres, les Warburg de Hambourg, les Lazard de Paris et les Israel Moses Seif de Rome. Il appuie sa preuve sur d'autres écrits et témoignages et il fait brièvement l'histoire de quelques-unes de ces familles et de leurs ramifications. Ce qui étonne dans le livre de Henderson, c'est l'ampleur du phénomène observé, le nombre limité de familles impliquées de même que la vraisemblance de sa thèse.

D'autres auteurs ont aussi fait des efforts pour mettre à nu des systèmes de collusion ou une oligarchie dans une industrie (le pétrole), un secteur d'activité (les communications), un pays particulier. En 2010, Michel Pinçon et Monique Pinçon-Chabot publiaient *Le président des riches. Enquête sur l'oligarchie dans la France de Nicolas Sarkozi.* Ces sociologues, retraités du CNRS, font la lumière sur les connivences qui unissent pouvoir politique et pouvoir de l'argent. Ils rappellent que la séparation des pouvoirs est théorique. Ils s'attardent à diverses mesures prises par le gouvernement Sarkozi dans le domaine des impôts, du droit des affaires et même du patrimoine. Ils soulignent les dîners mondains, les Légions d'honneur accordées, les comptes en Suisse. Ils concluent en l'existence d'un gouvernement des riches pour les riches, d'une oligarchie qui vit dans « l'entre-soi » en s'échangeant des privilèges, selon la position que l'on occupe.

Des historiens se sont aussi intéressés à la collaboration entre les grandes banques et les industries pendant la Seconde Guerre mondiale. Annie Lacroix-Riz a publié, en 1999, *Industriels et banquiers sous l'Occupation, la collaboration économique avec le Reich et Vichy.* Jean-Baptiste Mauroux, dans *Du bonheur d'être Suisse sous Hitler,* a souligné que la sécurité et la discrétion des places financières suisses, qui recueillirent des tonnes d'or volées par les nazis, permirent à la Suisse d'éviter l'invasion germanique. Charles Higham, écrivain britannique, dans son livre *Trading with the Enemy* publié chez Delacorte à Paris en 1983, analyse entre autres la collaboration de la Chase National Bank et d'entreprises comme Standard Oil, Ford et General Motors avec le régime d'Hitler avant et pendant la guerre, jouant sur les deux grands fronts pour être certains de ne rien perdre ni pendant ni après le conflit. Toutes les informations, études et prises de position citées jusqu'ici vont dans le même sens et semblent bien appuyer la thèse des « Indignés » au sujet du pouvoir et de la richesse du 1 % de la population mondiale, du rôle de Wall Street et du contrôle exercé par un petit nombre de banquiers sur l'économie mondiale.

Une équipe de chercheurs de l'Institut fédéral suisse de technologie de Zurich a cherché à éviter tout le débat idéologique qui avait cours à ce sujet entre la théorie de la conspiration et celle du libre marché. Elle a procédé, de façon empirique, à partir d'une liste de 37 millions de compagnies et d'investisseurs à travers le monde. Les chercheurs établirent les liens et les contrôles qui s'exerçaient entre elles et ils firent une carte de la structure économique du pouvoir. Ils retinrent dans un premier temps 1318 compagnies. Chacune d'elles était liée à deux compagnies ou plus et était connectée à vingt compagnies. Elles possédaient ensemble la majorité des actions des *blue chips* et des grandes compagnies manufacturières mondiales représentant 60 % de leurs revenus globaux. Une analyse plus fine les conduisit à découvrir une « super-entité » de 147 compagnies et investisseurs très liés qui contrôlait à elle seule 40 % de l'ensemble du réseau. La plupart étaient des institutions financières. Les 10 plus importantes incluaient Barclays Bank, JPMorgan Chase & Co et the Goldman Sachs Group, selon les données de 2007. Les chercheurs mettaient l'accent sur la dangerosité de contagion que posait une telle situation, et sur les risques que courait l'économie mondiale. Andy Coghlan et Debora MacKenzie, les auteurs de l'article publié sur le site Web du *New Scientist*, d'où sont tirées ces informations, concluent pour leur part que cette recherche confirme les pires craintes des « Indignés ». Ils dressent la liste d'un petit nombre de compagnies, particulièrement des banques, mais aussi Walmart, qui ont un pouvoir disproportionné sur l'économie globale. Et sur les pouvoirs politiques, faut-il ajouter.

On peut également voir un indice de cette importance d'un petit nombre de personnes sur l'économie mondiale et sur l'économie de chaque pays dans différentes études portant sur les écarts de revenus. L'OCDE, qui n'a rien d'un groupuscule de gauche, a produit le dossier *Tour d'horizon des inégalités croissantes de revenus dans les pays de l'OCDE : principaux constats.* Ce document dresse « un portrait succinct des inégalités croissantes de revenus » dans les pays appartenant à l'organisation. « Dans une majorité de ces derniers, [...] le revenu de 10 % des ménages les plus riches a progressé plus vite que celui des 10 % les plus pauvres. » Ces écarts sont particulièrement prononcés dans les pays anglo-saxons. Le revenu moyen du décile le plus riche de la population américaine est aujourd'hui quatorze fois plus élevé que celui du décile le plus pauvre, soit un rapport de 14 à 1. Le coefficient de Gini des inégalités de revenus était de 38 aux États-Unis en 2010. Il n'était que de 30 en 1980. Il n'est que de 26 dans les pays nordiques.

En novembre 2012, Nicolas Zorn, de l'Institut de recherche en économie contemporaine (IREC), présentait, en plein débat parlementaire au Québec, une étude sur l'évolution des revenus et de l'impôt du premier centile des Québécois les plus riches, intitulée : *Le 1 % québécois, martyr fiscal?* Dans un bref résumé, il en arrivait aux conclusions suivantes :

> Depuis 1985, il y a une hausse importante de la concentration des revenus pour le 1 %, passant de 7 % de tous les revenus à presque 12 %. La croissance des revenus des particuliers au Québec a presque uniquement profité à cette catégorie de revenus, une croissance cinq fois plus importante que celle des 99 % restants. De 2001 à 2009, l'augmentation considérable des revenus du 1 % est redevable en grande partie aux revenus issus des dividendes des entreprises (augmentation de 124 %

en huit ans, appuyée sur la valeur grandissante des gains de capital). Les baisses d'impôt ont profité deux fois plus au 1 % qu'aux 99 % restants.

Quelques chercheurs commencent à étudier non plus seulement les revenus des 1 %, mais des 0,1 %, et on remarque là encore une très grande différence entre la moyenne des revenus du 1 % et celle du 0,1 %. Sur le blogue *Oikos,* le 9 décembre 2010, Gilles Bourque, s'appuyant sur une nouvelle étude produite par Armine Yalnizyan, du Centre canadien des politiques alternatives, écrit :

> Le groupe des contribuables constituant les 0,01 % des plus riches du Canada (2400 personnes) ont vu leur revenu augmenter de cinq fois (+ 400 %), le groupe des 0,1 % a vu son revenu tripler (+ 200 %), alors que celui du 1 % (246 000 Canadiens) a doublé le sien (+ 100 %)... De 1997 à 2007, les Canadiens les plus riches ont réussi à accaparer le tiers de la croissance des revenus de cette période qui fut l'une des plus fécondes.

Pourtant, malgré cette situation, le Canada, dont le coefficient de Gini est inférieur à 30, est moins inégalitaire que les États-Unis.

Les très grandes fortunes fondées sur le capital et omniprésentes dans le secteur financier exercent un rôle déterminant auprès de différentes autorités. Si elles sont quelquefois en compétition sur les marchés, elles s'entendent plus facilement sur les orientations que doivent prendre les divers gouvernements et institutions. Il importe de chercher à déterminer qui elles sont non pour potiner sur leurs allées et venues, leurs multiples propriétés à travers le monde ou leurs frasques, mais pour préciser leur influence, leur réseau, leurs liens avec la politique, l'économique, le financier ainsi que le religieux et l'évolution des systèmes d'enseignement.

Pour le lecteur qui doute encore de l'existence et du pouvoir de cette oligarchie principalement financière, le dernier indicateur sur lequel il faut s'arrêter est certes la capacité qu'ont ses membres d'éviter les pires conséquences de leurs actes délictueux.

Depuis le début de la crise, de nombreux scandales ont mis en cause de grandes banques et institutions financières qui ont failli à leurs responsabilités et qui ont mis des pays tels que la Grèce en difficulté. Les dirigeants s'en sont toujours bien tirés. Des délits graves ont été constatés et admis par des banques telles que Wachovia ou HSBC, une des plus grosses banques mondiales. Elles ont blanchi l'argent de cartels de la drogue, d'organisations terroristes, de régimes politiques sous le coup de sanctions. Elles ont reconnu leurs erreurs et se sont engagées à protéger l'intégrité du système financier. En contrepartie, elles n'ont eu qu'à payer des amendes minimes par rapport à leur chiffre d'affaires. Il n'y a pas eu d'inculpation criminelle, même si, dans certains cas, le délit aurait pu être jugé comme une haute trahison en faveur d'ennemis déclarés.

Le plus grand scandale financier lié à la crise est sans nul doute celui du *Libor* (*London interbank offered rate*). Ce terme fait référence à la liste des taux d'intérêt du marché monétaire de différentes devises, pour une échéance donnée qui peut varier d'un jour à 12 mois. Ces taux sont fixés quotidiennement à partir des taux moyens qu'utilisent un certain nombre de grandes banques établies à Londres pour prêter à d'autres banques. Ils sont publiés, à la fin de chaque avant-midi, par l'Association des banques britanniques (ABB). Ils sont utilisés comme référence privilégiée dans le cadre des transactions interbancaires et principalement des produits dérivés, dont les différents types de *swaps* (échanges de flux financiers) de taux d'intérêt, de taux de change, de risque de crédit, d'inflation. Ils sont aussi considérés comme taux de référence dans l'ensemble du système financier et ont pour objectifs implicites d'en assurer une certaine stabilité et une certaine fiabilité.

Il a été prouvé en 2012 que le *Libor* a fait l'objet de fraudes et de manipulations mettant en cause les plus grandes banques internationales. Ces dernières, membres de l'ABB, au plus fort de la crise financière, sont soupçonnées d'avoir faussé et manipulé l'évaluation des taux moyens qui servent de base au *Libor* afin de se protéger, de cacher leur vulnérabilité, d'empêcher leur nationalisation ou l'intervention des États. Elles sont aussi susceptibles d'être accusées de concertation afin d'orienter les taux *Libor* en leur faveur, en violation des dispositions contre la concurrence. Une douzaine d'entre elles ont fait ou font encore l'objet d'une enquête. À ce jour, trois banques ont reconnu leurs torts : Barclays, HSBC et UBS. Elles ont cependant réussi à négocier des règlements avec les pays qui les poursuivaient pour des sommes ridicules par rapport à l'ampleur de leur escroquerie et de leurs biens. Le journal *Le Monde,* le 20 décembre 2012, écrivait :

> La banque suisse UBS a annoncé, le 19 décembre, qu'elle allait payer une amende de 1,4 milliard de francs suisses dans le scandale du *Libor,* après un accord avec les autorités américaines, britanniques et suisses.

Le 1er juillet 2012, on pouvait lire dans *Le Figaro.fr :*

> Barclays a écopé d'amendes records de 290 millions de livres pour avoir tenté de manipuler des taux de référence définissant le prix auquel les banques se prêtent de l'argent.

Aucun dirigeant n'a été reconnu criminellement responsable. Quelques-uns ont démissionné pour sauver l'image de leur institution tout en profitant souvent d'indemnités de départ importantes. On pouvait exiger des banques qu'elles paient des amendes ou des remboursements à des groupes lésés, dans la mesure où cela ne les mettait pas en danger et ne déstabilisait pas le système financier mondial, mais on ne pouvait pas les considérer comme des institutions criminelles, pas plus que leurs dirigeants. Leur pouvoir les met, en grande partie, au-dessus de la loi, de la même façon qu'il leur permet d'influencer les lois fiscales ou de s'en prémunir grâce aux paradis fiscaux, à la libéralisation des échanges et au soutien des fiscalistes.

Il importe de dénoncer les oligarchies financières qui, par leurs interventions, amplifient les inégalités entre citoyens et entre pays ou régions. Elles déstabilisent les gouvernements de différents pays et rendent plus difficiles et pénibles les sorties de crise et la recherche de la paix. Leur existence et leur puissance appellent la recherche d'instances internationales qui puissent les contrecarrer dans leurs ambitions de jouer les États les uns contre les autres, et les soumettre à des réglementations et à des sanctions adéquates. Mais n'existe-t-il pas de telles institutions ?

B- Grandeurs et limites de l'ONU

À la fin de la Seconde Guerre mondiale, en 1945, était fondée l'Organisation internationale des Nations Unies (ONU) par cinquante et un pays. En juillet 1944, à Bretton Woods dans le New Hampshire, quarante-quatre pays créèrent le Fonds monétaire international (FMI) et la Banque mondiale (BM). Ces trois institutions sont historiquement le point de départ d'une démarche convoquant tous les pays du monde à maintenir la paix et à coopérer au développement économique et social d'un monde qui devait se relever des conséquences de la guerre et de la grande crise des années trente. Posant aujourd'hui l'hypothèse de la mise sur pied d'un gouvernement mondial pour éviter les crises financières systémiques, relever les défis extrêmes que posent les interventions de l'homme sur son environnement et freiner l'influence de l'oligarchie financière, du terrorisme et du crime organisé, il est utile de se rappeler le rêve de ceux qui ont créé ces institutions, d'évaluer les pas qui ont été franchis et les blocages et limites que leurs promoteurs ont rencontrés.

Dans sa Charte et dans ses textes officiels, les buts des Nations Unies sont ainsi présentés : 1) maintenir la paix dans le monde ; 2) développer des relations amicales fondées sur le respect de l'égalité des droits des peuples et de leur droit à disposer d'eux-mêmes ; 3) aider les nations à travailler ensemble pour améliorer le sort des pauvres en vainquant la faim, la maladie et l'analphabétisme, et encourager chacun à respecter les droits de la personne et les libertés fondamentales, sans distinction de race, de sexe, de langue ou de religion ; 4) être un centre où s'harmonisent les efforts des nations vers ces fins communes.

On peut lire dans les fiches techniques du FMI que celui-ci a pour mission d'encourager la coopération monétaire internationale, de veiller à la stabilité financière, d'établir un cadre destiné à éviter que ne se produisent des dévaluations compétitives des monnaies tout en favorisant les échanges internationaux. Son mandat récemment modifié s'étend à l'ensemble des questions macroéconomiques et financières ayant une incidence sur la stabilité mondiale.

La Banque mondiale, pour sa part, a pour mandat d'appuyer le développement économique à long terme et la lutte contre la pauvreté en accordant une aide technique et financière aux pays afin qu'ils soient en mesure de mener des réformes sectorielles ou de réaliser des projets précis.

Les objectifs poursuivis par ces trois institutions demeurent valables aujourd'hui, même si leurs interventions ont été en constante évolution pour répondre aux mutations et aux nouveaux enjeux qui ont conduit à la création de nombreux programmes, fonds, organismes, agences, commissions et conseils dépendant de l'une ou de l'autre de ces instances. Il faut noter que le FMI et la Banque mondiale sont considérés comme des institutions spécialisées de l'ONU, même si leur création a été antérieure.

Aujourd'hui, cent quatre-vingt-treize États sont membres de l'ONU. Ils viennent de tous les continents. Peu importe leur taille, ils ont tous le même droit de participation et de vote à l'Assemblée générale, qui est le principal organe délibérant, directeur et représentatif de l'organisation. Au cours des ans, l'ONU a su rassembler les vainqueurs et les vaincus de la Seconde Guerre mondiale, les maîtres de la guerre froide, les colonisateurs et les colonisés libérés, les chefs des États démocratiques et les dictateurs, les responsables des pays développés, des pays émergents ou en développement. Cette réussite est en elle-même remarquable et ne doit pas être sous-estimée. Elle est un jalon très important dans la recherche d'un gouvernement du monde.

L'Assemblée générale de l'ONU est l'unique forum multilatéral de discussion qui rejoint tous les États. Elle tient chaque année, à l'automne, une session ordinaire intensive qui donne à chacun l'occasion de prendre conscience qu'il appartient à une humanité commune qui s'exprime, dans une large et riche diversité, sur des questions internationales de diverses natures, ayant des incidences à court et à long terme. Elle joue un rôle important dans la production de normes pour protéger les populations et la planète ainsi que dans la codification du droit international. Elle approuve le budget de l'Organisation tout en déterminant la répartition des contributions entre les États membres. Elle élit les membres non permanents du Conseil de sécurité. Les principales décisions de l'Assemblée sont prises à la majorité des deux tiers des États membres. Cependant, depuis quelques années, ces derniers cherchent à prendre le plus de décisions possible par consensus afin d'en augmenter le soutien.

Les observateurs et les populations reconnaissent le bien-fondé de l'ONU, de ses agences et de son Assemblée générale, dont ils souhaiteraient le renforcement, mais ils remettent en question son Conseil de sécurité. L'article 24 de la Charte de l'ONU exprime ainsi les fonctions et les pouvoirs de cet organe :

> Afin d'assurer l'action rapide et efficace de l'Organisation, ses membres confèrent au Conseil de sécurité la responsabilité principale du maintien de la paix et de la sécurité internationales et reconnaissent qu'en s'acquittant des devoirs que lui impose cette responsabilité le Conseil de sécurité agit en leur nom.

L'article 25 précise : « Les Membres de l'Organisation conviennent d'accepter et d'appliquer les décisions du Conseil de sécurité conformément à la présente Charte. » La délégation du pouvoir de l'Assemblée générale au Conseil de sécurité sur la question du maintien de la paix et de la sécurité internationales ne peut être plus claire. Cependant, l'objectif d'assurer l'action rapide et efficace de l'Organisation est difficilement atteignable dans certaines circonstances à cause d'une « faute originelle » : le pouvoir que se sont donné les vainqueurs de la Seconde Guerre mondiale. Les États-Unis, le Royaume-Uni de Grande-Bretagne et d'Irlande du

Nord, la France, l'Union des républiques socialistes soviétiques (devenue Fédération de Russie en 1991), la République de Chine (remplacée en 1971 par la République populaire de Chine) se sont accordé un siège permanent au Conseil de sécurité en plus d'un droit de veto exprimé de manière quelque peu camouflée dans l'article 27 : « Les décisions [...] sont prises par un vote affirmatif de neuf de ses membres, dans lequel sont comprises les voix de tous les membres permanents. » Cette position pouvait s'expliquer aisément, en 1944-1945, tant pour remettre le monde sur pied après les désastres de la guerre que pour des raisons démographiques, puisque ces cinq pays représentaient à peu près 50 % de la population mondiale.

Dès les années 1960, après l'accès de nombreux pays à l'indépendance, on a contesté la représentativité du Conseil. En 1963, sans remettre en question la position des cinq membres permanents et leurs privilèges, on a augmenté de 11 à 15 le nombre de membres du Conseil en créant quatre nouveaux sièges de membres non permanents et on a fixé une répartition géographique plus équitable de ceux-ci. Cinq États membres viennent d'Afrique et d'Asie, un État d'Europe orientale, deux États de l'Amérique latine, deux États du groupe des États de l'Europe occidentale et d'autres États. Les débats se poursuivent encore aujourd'hui sur la pertinence du maintien des sièges permanents, sur l'élargissement du Conseil de sécurité par l'accueil de nouveaux membres non permanents ou permanents, car ces derniers ne représentent plus que 30 % de la population mondiale, dont 20 % pour la Chine seulement. De plus, des pays importants comme le Brésil, l'Inde, le Japon et l'Allemagne ne sont pas assurés de leur présence. Plusieurs propositions ont été mises sur la table, mais le dossier n'avance guère. Chacun protège sa position stratégique vis-à-vis de compétiteurs éventuels.

L'utilisation du droit de veto par les grandes puissances n'est pas contestée ouvertement par les membres de l'organisation. On le considère comme préférable au retrait de l'une ou de l'autre du Conseil ou de l'ONU. On peut certes s'insurger en principe contre le fait que certains pays semblent moins égaux que d'autres, mais le côté pragmatique l'emporte. On arrive même à y trouver une certaine sécurité contre une uniformité de pensée trop forte de ce noyau dur. Ce qui choque, c'est l'utilisation systématique du veto par une puissance lorsque des populations souffrent et que des situations traînent et engendrent des risques pour des populations avoisinantes. Deux cas de figure illustrent cette difficulté : les nombreux vetos des États-Unis dans le dossier d'Israël et des Palestiniens, et les vetos de la Chine et de la Russie dans le dossier de la Syrie. On ne peut nier que ces positions affaiblissent la réputation de l'ONU tout autant que lorsque ses membres font fi ouvertement de sa Déclaration des droits de la personne, dont elle a si raison d'être fière.

Le FMI et la Banque mondiale ont été créés avant l'ONU. Officiellement, ce sont des institutions spécialisées de son Conseil économique et social (ECOSOC), au même titre que l'Organisation internationale du travail (OIT) et l'Organisation des Nations Unies pour l'alimentation et l'agriculture (FAO). À ce titre, ils devraient collaborer à relever le niveau de vie des populations des pays membres, une condition nécessaire à la paix, et répondre de leurs mandats directement à l'ECOSOC et à l'Assemblée générale. Mais, dès le début, ces deux institutions ont cherché à se soustraire à leur dépendance de l'ONU et ont demandé à être reconnues comme des organisations internationales indépendantes, malgré leur rattachement formel à l'ECOSOC. Elles ont obtenu de nombreuses dérogations à certains articles de la Charte de l'ONU concernant particulièrement l'information, la reddition de comptes et la représentation. Encore aujourd'hui, la présidence des deux organismes est réservée aux Américains et aux Européens. Ces irritants ont terni l'image internationale de ces deux organismes dans les pays du tiers-monde et ont affaibli le rôle de l'ECOSOC ainsi que sa capacité à être reconnu comme le coordonnateur et le maître d'œuvre d'un système économique et financier stable et équilibré au service de tous les membres. Du même coup, c'est un des objectifs de l'ONU qui semble mis en attente, même si elle y consacre plus des deux tiers de ses ressources humaines et financières dans quatorze institutions spécialisées, neuf commissions techniques et cinq commissions régionales.

Consciente des difficultés qu'entraîne le fait que la Banque mondiale et le FMI avaient été très orientés vers la reconstruction de l'Europe et étaient restés fort dépendants des États-Unis, même après la réalisation du Plan Marshall, l'ONU, en 1964, créa la Conférence des Nations Unies pour le commerce et le développement (CNUCED), qui visait à intégrer les pays en développement dans l'économie mondiale grâce à des échanges d'expérience, des débats et des études. En 1965, elle inaugura le Programme des Nations Unies pour le développement (PNUD), qui est son principal organe d'assistance technique. Il aide les pays en développement à élaborer leur propre stratégie. Il publie chaque année un *Rapport mondial sur le développement humain* et émet des propositions de politiques pour remédier à la pauvreté.

Ces initiatives parmi d'autres et les évolutions du Groupe Banque mondiale, qui comprend maintenant cinq organismes, n'ont pas suffi à corriger l'impression que l'ONU et son Assemblée générale ne pouvaient ni régler la sortie de crise, à court et à moyen terme, ni influencer l'évolution du système financier et économique international. Ce mandat ne relève pas non plus du Conseil de sécurité, de toute évidence.

C- Le G20 trop près des milieux financiers ?

Devant l'impossibilité de s'entendre sur une réforme sérieuse des principales instances de l'ONU et la nécessité d'assurer une coordination efficace pour affronter les crises économiques et financières qui ont frappé le monde depuis les années soixante-dix, les chefs de gouvernement en vinrent à fixer des rencontres régulières pour échanger directement sur les problématiques avec lesquelles ils étaient aux prises. Ils cherchaient à se donner des orientations communes dans des forums qui s'élargirent à un nombre grandissant de pays.

À la suite du premier choc pétrolier, un premier groupe informel (le G5) fut organisé à Washington en 1974. Il comprenait les États-Unis, le Japon, la France, l'Allemagne de l'Ouest et le Royaume-Uni. En 1975 s'ajouta l'Italie et, en 1976, le Canada. Ce forum devenu le G7 s'intéressait alors à la crise pétrolière et à l'ajustement de politiques économiques et financières à court terme entre les pays participants. L'Union européenne y participa en tant qu'invitée. La Russie se joignit officiellement au groupe, qui devient le G8 en 1997. Peu à peu, ce groupe s'ouvrit aussi aux questions politiques et sociales. Les membres ont appris à se connaître et à travailler ensemble. Ils se rencontrent de façon régulière sans recourir à de lourds protocoles, dans un climat favorisant la franchise et la confidentialité.

Concurremment, les ministres des Finances et les gouverneurs des Banques centrales du G7 ont continué à se réunir régulièrement, selon les besoins. En 1999, réunis à Washington à la suite de la crise financière de 1997-1999 qui a touché les pays émergents et révélé la vulnérabilité du système financier international, ils ont constaté que les principaux pays en développement devaient se joindre à eux pour traiter des questions économiques mondiales. Ils invitèrent l'Argentine, l'Australie, le Brésil, l'Inde, l'Indonésie, la Chine, la Corée du Sud, le Mexique, la Russie, l'Arabie saoudite, la Turquie, l'Afrique du Sud et l'Union européenne à se joindre à eux pour une première réunion en décembre 1999, à Berlin. Ainsi est né le G20, le forum annuel des ministres des Finances et des gouverneurs des Banques centrales.

C'est la crise financière exceptionnelle de 2008 qui a conduit, cette même année, à la première réunion des dirigeants du G20, qui ont convenu d'un plan d'action visant à stabiliser l'économie mondiale et à prévenir les crises. Ils se sont donné les trois objectifs suivants : la restauration de la croissance économique mondiale, le renforcement du système financier international et la réforme des institutions financières. Le sommet des dirigeants du G20 est annuel ou bisannuel. Il est présidé par le pays hôte, qui a la charge d'organiser la rencontre et de faire progresser les négociations préparatoires aux échanges et aux ententes. Son ordre du jour comporte toujours un suivi des décisions et des orientations prises lors d'une rencontre précédente, les ajustements nécessaires selon la conjoncture, les nouvelles questions urgentes.

Le site www.g20.org affirme que les membres du G20 représentent près de 90 % du PIB mondial, 80 % du droit international d'échange, les deux tiers de la population mondiale. Ils produisent 84 % des émissions de combustibles fossiles. Lors de leurs rencontres, selon les thèmes traités, les dirigeants invitent cinq pays qui ne sont pas membres et des organisations internationales telles que le FMI, la Banque mondiale, l'OIT, l'OCDE ainsi que l'une ou l'autre des Commissions régionales. « Le groupe des Vingt (G20) est le premier forum pour la coopération internationale sur les questions les plus importantes de l'ordre du jour économique et financier mondial. »

Ce forum s'est aussi doté peu à peu de divers groupes de travail qui préparent et font avancer les dossiers. En 2013, ces groupes se penchent sur les investissements et les infrastructures, sur le système financier et la croissance, sur le commerce en tant que système de la croissance, sur l'innovation et le développement comme une priorité mondiale, sur la création d'emplois, sur l'emploi et les investissements dans le capital humain, sur la transparence et la lutte contre la corruption, et enfin sur l'efficacité et le dialogue. Pendant le seul mois de mars, trois activités étaient prévues sous les auspices du G20 : une table ronde des investisseurs, à Berlin, une réunion à Moscou du groupe de travail sur le système financier, et une rencontre à l'OIT, à Genève, du groupe de travail sur l'emploi.

On peut conclure que le G20 devient peu à peu la véritable instance internationale en matière de finance et d'économie. Ce groupe réussit à réunir de façon régulière les premiers responsables des pays riches et des principaux pays émergents, alors que, dans les instances onusiennes, particulièrement au Conseil de sécurité, ceux-ci se font le plus souvent remplacer par les ministres des Affaires extérieures et les ambassadeurs attitrés. C'est une particularité importante qu'on ne peut négliger. Il s'agit vraiment d'une réunion des plus hautes instances politiques du monde. Il en est de même de la représentativité du groupe, qui est assez forte, même si elle fait peu de cas de l'Afrique et des plus petites économies.

Ce qui inquiète le plus dans ce rassemblement du G20, c'est la très forte représentation des milieux financiers et des très grandes entreprises dans la composition des groupes de travail. On peut craindre une trop grande proximité avec l'oligarchie financière et sa façon de penser le monde. Cette situation peut expliquer que ce forum, qui regroupe pourtant les plus puissants chefs de gouvernement, n'arrive pas à s'attaquer aux multiples paradis fiscaux, à exiger une régulation mondiale du système bancaire, à convenir d'un régime fiscal juste et efficace que les grandes fortunes et les multinationales ne pourraient éviter, à protéger les travailleurs des pays émergents, à s'entendre sur une protection effective des ressources et du climat. On doit en rester aux échanges et aux grandes orientations. C'est certes un pas important, mais insuffisant devant les urgences évoquées et les attentes des populations qui subissent les effets de cette inefficience.

D- L'avènement d'autres groupes mondiaux

Jacques Attali présente, en annexe de son livre *Demain, qui gouvernera le monde?*, une série d'instances mondiales qu'il regroupe en différentes catégories. Voici quelques exemples. Certaines se préoccupent de la gouvernance publique mondiale, par exemple l'Organisation maritime internationale ou l'Organisation civile internationale; d'autres assurent la gouvernance technique et scientifique mondiale, par exemple l'Union internationale des communications et le Service international de la rotation terrestre et des systèmes de référence. Des associations favorisent la gouvernance professionnelle mondiale, comme l'Association médicale mondiale ou la Fédération internationale des journalistes ; d'autres contrôlent la gouvernance mondiale de la production de denrées alimentaires, comme l'Organisation internationale du café ou du sucre. Les plus connues sont les agences spécialisées de l'ONU, telles que l'Organisation mondiale de la santé et l'UNESCO (Organisation des Nations Unies pour l'éducation, la science et la culture). Tous ces organismes soutiennent, chacun à sa façon, un vaste mouvement d'échange, d'information, de réflexion et de coordination des façons de vivre et de faire à la dimension du monde. Ils rapprochent les peuples les uns des autres, les rendent sensibles à l'interdépendance et, pour certains, favorisent une régulation commune.

On ne peut ignorer l'existence de nombreuses organisations non gouvernementales (ONG) à visée universelle qui influencent la gouvernance du monde en portant une parole différente, un service ou un appui aux populations, indépendamment de leur appartenance à une nation ou à un pays, en temps de paix comme en temps de guerre. Que l'on pense, pour n'en nommer que quelques-unes, à la Croix-Rouge ou au Croissant-Rouge, à Pax Christi, à Amnistie internationale, à l'Organisation mondiale contre la torture, à Médecins sans frontières, à Human Rights Watch. La liste de ces ONG ne cesse de s'allonger. Elle manifeste la prise de conscience progressive de la dignité de l'être humain et de la reconnaissance que chaque personne est aussi citoyenne du monde.

En temps de crise, les ONG, tant internationales que locales, par leurs services et leurs implications, rendent moins pénibles les conditions de vie que subissent les personnes les moins favorisées. Par leur prise de parole, elles formulent des diagnostics sur les causes du marasme et suggèrent des voies de sortie qui tiennent compte du sort des plus petits. Avec l'aide de chercheurs indépendants, elles sont aussi parmi les premières dénonciatrices de l'oligarchie financière. Plusieurs d'entre elles forment des groupes de pression substantiels pour contrer les lobbys militaro-industriels et viennent en appui au mouvement des Indignés.

E- Arguments pour un gouvernement mondial

Ce bref rappel de l'avènement de multiples instances mondiales et internationales depuis la fin de la Seconde Guerre mondiale indique bien le souhait largement partagé de l'établissement d'un gouvernement du monde. Il ne s'agit plus d'un vœu pieux ou d'une utopie, mais d'un projet nécessaire dont on connaît mieux l'urgence, les exigences et les difficultés. Seul un tel gouvernement, responsable du bien commun mondial, pourra maîtriser certains effets déstabilisateurs de la mondialisation financière, des révolutions numérique et génétique, de la détérioration climatique et de la violence qui a les moyens aujourd'hui plus que jamais de perturber le sort des populations, sinon de les annihiler. Un retour sur les expériences des dernières années, marquées de succès, d'échecs et de limites, nous invite à mettre en lumière certaines conditions et certains principes que nous devons respecter afin de progresser dans la construction d'un tel projet et d'en assurer l'efficacité.

La fin de la Seconde Guerre mondiale a marqué la fin des empires colonisateurs du XIXe siècle et du début du XXe siècle et le début des luttes entre l'Empire américain et l'« Empire soviétique ». La chute du mur de Berlin a proclamé la suprématie américaine pour une brève période. Aujourd'hui, certains annoncent, pour 2030, le couronnement de la Chine comme nouveau maître du monde ou la naissance d'une alliance dominatrice de la Chine et des États-Unis. Ils considèrent que c'est la seule façon d'assurer un certain ordre du monde. Il faut au contraire se rappeler que, depuis la nuit des temps, tous les empires se sont constitués par la violence et séparent les humains en deux catégories : les membres et les non-membres, les citoyens et les non-citoyens, les maîtres et les esclaves. En son sein même, et quel que soit le régime politique (démocratie, parti unique, dictature), il est très difficile à un empire de diminuer les inégalités, d'intégrer de nouvelles populations, de favoriser le passage des citoyens d'une classe à l'autre, de contrôler l'usage de la violence et des armements. Au moment où l'usage de ces derniers peut conduire à des dommages irréparables, il est donc urgent de penser le monde autrement, et c'est ce que cherche à réaliser l'ONU malgré les réserves et les vetos des anciens et des nouveaux empires. C'est ce que développe peu à peu le G20. C'est cette piste de la reconnaissance de chacun des peuples, de chaque nation comme partie prenante de la communauté universelle et de son gouvernement que l'on doit suivre. Elle repose sur le principe de l'universalité des droits de la personne, qui implique à la fois des droits et des obligations et qui fait de chaque être humain un citoyen du monde responsable de l'avenir de l'humanité et de la planète.

F- Les enseignements de l'Union européenne

Mais comment traduire cela en pratique ? Comment assurer la légitimité et l'efficacité d'un tel gouvernement mondial ? Malgré les secousses qu'elle connaît aujourd'hui, l'Union européenne est certes le meilleur modèle qui puisse nous inspirer dans cette démarche. Elle regroupe aujourd'hui des pays qui se sont livré, au XXe siècle, deux guerres qui ont tué des millions de gens, persécuté des ethnies, chambardé et détruit des territoires, laissé des pays dans une grande pauvreté pendant une décennie. Elle comprend des régions du Nord et du Sud, de l'Est et de l'Ouest ; des zones industrielles et des zones agricoles ; une large diversité de langues et de traditions ; de riches traditions laïques et religieuses. Elle forme un « micromonde ».

Des principes importants sont au cœur du Traité sur l'Union européenne et doivent inspirer la démarche vers un gouvernement mondial : le principe d'attribution, le principe de subsidiarité, le principe de proportionnalité et les principes démocratiques. Ils ont tous pour objectif de répondre à des craintes exprimées lorsque l'on parle d'un gouvernement mondial : la distance de celui-ci par rapport aux citoyens, la disparition des pays et des nations, et la naissance d'une autre forme d'oligarchie ou de *big brother*. Rappelons-nous la signification de ces principes.

À l'article 5 de la version consolidée du Traité sur l'Union européenne, on affirme :

> Le principe d'attribution régit la délimitation des compétences de l'Union. Les principes de subsidiarité et de proportionnalité régissent l'exercice de ces compétences. [...] L'Union n'agit que dans les limites des compétences que les États membres lui ont attribuées dans les traités pour atteindre les

> objectifs que ceux-ci établissent. Toute compétence non attribuée à l'Union dans les traités appartient aux États membres.

Ce principe d'attribution est à la base de toute démarche de création d'un gouvernement mondial.

Le terme « subsidiarité » est ancien. Étymologiquement, il vient du latin *subsidarii*, qui désignait les troupes de réserve. Il en est venu à désigner le caractère de ce qui s'ajoute à l'élément principal pour le renforcer. On trouve cette notion dans la pensée d'Aristote, de Thomas d'Aquin et, depuis la fin du XIXe siècle, il constitue un élément déterminant de l'enseignement social de l'Église, un principe fondateur. Il est évoqué par Jean XXIII dans son encyclique *Pacem in terris,* publiée en 1963, après la crise de Cuba, lorsqu'il appelle à la constitution d'un organisme dont « l'autorité vaille sur le plan mondial et qui possède les moyens efficaces pour promouvoir le bien universel ». Cet organisme ne peut être imposé par la force, mais doit naître d'un accord unanime, et le pape ajoute :

> Il est normal que le principe de subsidiarité régisse les rapports de cette autorité universelle avec les gouvernements des États. Le rôle de cette autorité universelle est d'examiner et de résoudre les problèmes que pose le bien commun universel en matière économique, sociale, politique et culturelle. C'est la complexité, l'ampleur et l'urgence de ces problèmes qui ne permettent pas aux gouvernements nationaux de les résoudre à souhait.

Il souligne au paragraphe suivant qu'« il n'appartient pas à l'autorité de la communauté mondiale de limiter l'action que les États exercent dans leur sphère propre ni de se substituer à eux ». Elle est créée par eux, elle s'ajoute à eux pour s'attaquer à des problèmes qui dépassent leurs frontières et leurs capacités d'intervention ou qui, par leur ampleur, appellent l'intervention de tous.

Le principe de subsidiarité a aussi été défendu par des philosophes et des penseurs de toutes tendances. Il connaît diverses variantes. L'Union européenne, pour sa part, déclare, à l'article 5 :

> En vertu du principe de subsidiarité, dans les domaines qui ne relèvent pas de sa compétence exclusive, l'Union intervient seulement si, et dans la mesure où, les objectifs de l'action envisagée ne peuvent pas être atteints de manière suffisante par les États membres, tant au niveau central qu'au niveau régional et local, mais peuvent l'être mieux, en raison des dimensions ou des effets de l'action envisagée, au niveau de l'Union. [...] Les parlements nationaux veillent au respect du principe de subsidiarité conformément à la procédure prévue par le protocole.

On rappelle ici le caractère supplétif du principe et le contrôle de son application par les pays membres. Ce sont ces derniers, par leurs parlements, qui sont à l'origine des pouvoirs délégués à l'Union européenne par des traités ou par un protocole.

Le principe de proportionnalité, quant à lui, énonce que le contenu et la forme des actions et des interventions de l'Union ne doivent pas excéder ce qui est nécessaire pour atteindre les objectifs qu'on lui a donnés. Autrement dit, elle ne doit pas être envahissante et chercher à étendre son emprise sur les populations ou sur les pouvoirs des pays membres. Ce principe est complémentaire au principe de subsidiarité. Ensemble, ils régissent l'exercice des compétences de l'Union telles qu'elles sont délimitées et devraient s'appliquer à un éventuel gouvernement mondial.

Le Traité sur l'Union européenne comporte plusieurs articles traitant des dispositions relatives aux principes démocratiques. Il proclame le principe de l'égalité de ses citoyens, qui sont définis comme toute personne ayant la nationalité d'un État membre. Il affirme que le fonctionnement de l'Union est fondé sur la démocratie représentative et que les citoyens sont directement représentés au Parlement européen. Ils sont invités à participer à la vie démocratique de l'Union. L'article 11 traite plus directement du dialogue, des échanges, des consultations entre les citoyens, leurs associations représentatives et les nombreuses institutions de l'Union. Des citoyens de l'Union qui ont réussi à réunir un million de signatures peuvent aussi prendre l'initiative d'un référendum sous certaines conditions.

Il faut reconnaître que ces principes démocratiques émis par une instance centrale, tant au niveau de l'Europe qu'ultimement à l'échelle mondiale, se heurtent à deux difficultés : d'une part, la double citoyenneté et identité de chacun, c'est-à-dire par rapport à la fois à l'Union et à son pays, conduisent à des déchirements personnels et collectifs sur certains enjeux ; d'autre part, le pouvoir du chef d'État ou de gouvernement qui, avec l'appui de son parlement, a la légitimité de représenter tous ses citoyens au Conseil européen, qui définit les orientations et les priorités politiques générales, ne veut pas être remis en question par un référendum. Le meilleur exemple des tensions que cette situation peut provoquer est survenu en 2005. Lors de référendums, les peuples français, irlandais et néerlandais refusèrent un nouveau projet de traité constitutionnel européen. Certains citoyens s'opposaient au Traité au nom de l'identité nationale, d'autres parce qu'il ne renforçait pas suffisamment l'Unité européenne, d'autres encore parce qu'il n'insistait pas sur le rôle de l'Union dans la recherche d'une solidarité sociale. Les parlements de ces pays l'adoptèrent dans une version légèrement modifiée sous le titre de Traité de Lisbonne. Ils usèrent de diverses tactiques pour présenter celui-ci comme une nouvelle écriture du Traité fondateur de l'Union européenne qui n'appelait pas à un nouveau référendum. Les chefs de gouvernement avaient considéré qu'il leur fallait passer outre aux oppositions de leurs peuples, qui allaient dans tous les sens, afin de solidifier l'Union qu'ils considéraient comme indispensable pour affronter les défis actuels.

Cette situation risque sans cesse de se présenter et ne peut être totalement évitée. Il n'est pas possible de gérer par la démocratie directe des questions complexes touchant d'importantes populations. On doit avoir recours à la démocratie représentative, dont la qualité certes peut varier d'un État à l'autre. Dans certaines occasions, il importe d'avoir des leaders capables de prendre des décisions cruciales à court terme. Il est nécessaire d'avoir un exécutif dont les pouvoirs sont établis par des instances supérieures, qui peut agir dans l'immédiat et qui sera jugé sur sa performance.

Un des caractères d'un gouvernement européen, et encore plus, le cas échéant, d'un gouvernement mondial, sera sa capacité d'intervenir en temps de crise, c'est-à-dire de prendre des décisions à court terme et de disposer des moyens adéquats pour y donner suite. En intégrant le Conseil de sécurité de l'ONU et le G20, comme le suggère Jacques Attali, on pourrait créer un comité exécutif qui regrouperait une vingtaine de chefs de gouvernement, dont un certain nombre seraient des membres permanents sans droit de veto. Le mandat de ce comité, défini par l'ensemble des membres de l'ONU, comprendrait les questions de paix et de sécurité internationale. La compréhension de la sécurité devrait s'étendre aux risques climatiques et planétaires. C'est aussi en son sein que seraient prises les décisions nécessaires à la gestion équitable et sécuritaire du système financier et économique international afin de lutter contre les inégalités grandissantes et la pauvreté.

Pour l'aider à exercer sa mission, le Comité pourrait s'appuyer sur diverses instances internationales dont les fonctions de recherche et d'intervention seraient coordonnées sous sa dépendance. Il devrait avoir recours, lorsque cela est nécessaire, à un Tribunal international chargé de faire respecter ses décisions et à une force militaire de surveillance et d'intervention dans les cas d'urgence. Le financement des instances mondiales pourrait se faire d'une part par une contribution proportionnelle de chaque État et, d'autre part, par des taxes qui contribueraient à réglementer certaines pratiques nuisibles, à l'exemple de la taxe Tobin sur les transactions financières, une taxe sur les émissions de gaz carbonique, une taxe sur l'industrie militaire, etc. Mais nous n'irons pas plus loin dans la description de ce qui devrait être mis en place. Les personnes intéressées sont invitées à prendre connaissance des dix chantiers que Jacques Attali propose, dans son ouvrage déjà cité, pour l'établissement d'un gouvernement mondial à partir d'institutions existantes. Il considère que c'est un projet réaliste et indispensable pour l'avenir de l'humanité. En terminant, insistons sur deux points qui peuvent en favoriser l'avènement : les bonnes pratiques réalisées dans chaque pays et la nécessaire société civile internationale.

G- Quelques pratiques inspirantes

Dans une société fortement mondialisée et interdépendante, toutes les régions et presque tous les pays affrontent les mêmes défis. Comment arrive-t-on à concilier la diversité culturelle, religieuse, idéologique qui existe à l'intérieur d'une même contrée ? De quelle façon protège-t-on l'agriculture, les pêcheries, l'eau potable ? Comment assure-t-on le développement durable ? Quelles luttes conduit-on contre les risques climatiques ? Quelle attention porte-t-on à l'évolution démographique ? Par quels moyens lutte-t-on contre les inégalités sociales internes et externes ? Qu'en est-il de la promotion des droits et des responsabilités de la personne ? Quelle attitude adopter vis-à-vis de l'étranger, de l'immigrant ? Quelles relations établit-on avec les pays frontaliers, avec la puissance dominante de la région, avec l'ONU ? Quelle position défend-on par rapport aux armements ? Pour résumer le tout, quels sont les moyens et les politiques que se donnent les pays pour répondre à ces diverses questions ? Y a-t-il là des pratiques exemplaires qui puissent guider la construction d'un gouvernement du monde ?

Précédemment, nous nous sommes référés au Traité de l'Union européenne, dont les principes de base sont éclairants pour la gestion des rapports entre divers ordres de gouvernements. Ses engagements pour contrer le réchauffement de la planète (le 20-20-20) et son adoption de la taxe Tobin ouvrent aussi la voie à des politiques universelles. La Scandinavie, marquée depuis longtemps par la social-démocratie, s'est attaquée de diverses manières à l'inégalité sociale sur son territoire et est la région du monde sans doute la plus mobilisée pour l'aide au développement. Les États-Unis et l'Australie ont été des pays d'accueil importants pour les immigrants. La Suisse, premier régime fédéral, a su au cours des ans sauvegarder les cultures allemande, française et italienne sur un même territoire restreint. Le Bill of Rights anglais de 1689, la Déclaration de l'indépendance américaine de 1776 et la Déclaration des droits de l'homme et du citoyen de l'Assemblée nationale française de 1789 ont marqué un lent processus qui a conduit à la Déclaration des droits de la personne de l'ONU. Le Canada, voisin de l'Empire états-unien et ex-colonie de l'Empire britannique, réussit, sans recours aux armes ou à la guérilla, à garder son identité propre marquée par l'héritage britannique et français. Ses positions sur la guerre en Irak ou sur la crise du canal de Suez l'ont démarqué de ses trop puissants partenaires. Son système de péréquation entre les provinces, qui permet le transfert d'argent des provinces les plus riches aux provinces les plus pauvres, est un outil remarquable pour assurer un meilleur partage des richesses. On ne peut malheureusement pas autant louanger ses relations avec les populations autochtones et métis.

Dans ce bref regard sur des pratiques qui pourraient favoriser l'apparition d'un nouvel ordre mondial, on ne peut ignorer les efforts faits par la Fédération de Russie, après la chute du mur de Berlin, pour se resituer dans la communauté internationale, de même que ceux de la Chine pour entrer à l'ONU et à son Conseil de sécurité. Il faut saluer aussi les démarches des pays du tiers-monde qui, pour se tailler une place dans le monde sous le leadership de Nasser, de Nehru et de Tito, réunirent 25 pays qui cherchaient à se situer comme une autre voix à côté des États-Unis et de l'Union soviétique et à sortir le monde d'une polarisation binaire propice à la violence et à l'écrasement des tiers.

H- Une société civile internationale

Dans leur promotion de politiques justes et efficaces, aptes à relever les défis actuels et à bâtir un monde plus humain, les gouvernements nationaux et les promoteurs d'un gouvernement mondial affronteront sans cesse des remises en question et des obstacles. Ils auront besoin d'une société civile vigilante et ouverte à l'universel.

Mais qu'entend-on par société civile ? Ce terme a fort évolué au cours de l'histoire. Il a pris une importance considérable au cours des dernières décennies, sous l'effet de la mondialisation et de l'essor des télécommunications. On l'utilise à différentes fins et on le définit en fonction de multiples approches idéologiques et de contextes nationaux ou internationaux. Le gouvernement canadien, dans un texte provenant du ministère des Ressources naturelles, écrit :

> La société civile est composée d'un éventail d'organisations et de personnes, notamment : des organisations communautaires ; des organisations non gouvernementales nationales (ONG) ; des organisations internationales et leurs sociétés affiliées ; des médias, des associations syndicales, des établissements universitaires ; des établissements de recherche et des organismes confessionnels.

La Banque mondiale désigne la société civile ainsi :

> Le large éventail d'ONG à but non lucratif qui animent la vie publique et défendent les intérêts et les valeurs de leurs membres ou autres, basés sur des considérations d'ordre éthique, culturel, politique, scientifique, religieux, philanthropique : groupements communautaires, ONG, syndicats, organisations de populations autochtones, organisations caritatives, groupements d'obédience

religieuse, associations professionnelles et fondations privées.

L'ONU a créé un Service de liaison des Nations Unies avec les organisations non gouvernementales dès 1975, et, en 2004, le Groupe de personnalités éminentes du Secrétaire général sur les relations entre l'ONU et la société civile a publié son rapport final comportant un ensemble de recommandations pratiques sur la façon dont les relations entre l'ONU et la société civile pourraient être améliorées.

Dans ces deux définitions de type descriptif qui proviennent d'organismes officiels et politiques, on considère la société civile, constituée de diverses organisations, comme une collaboratrice pour mieux connaître les intérêts des citoyens, pour animer la vie communautaire, pour appuyer les orientations adoptées, pour suppléer à l'incapacité des organismes gouvernementaux d'agir dans certaines circonstances d'urgence ou par manque de ressources. Elle est le lieu de la participation des citoyens entre les élections et hors des partis politiques.

Plus récemment, on utilise le terme « société civile » pour désigner d'abord des mouvements de revendication et d'opposition. On a présenté le « Printemps arabe » de l'Égypte, de la Tunisie, de la Libye comme l'œuvre de la société civile. Les manifestations contre Poutine en Russie ou celles des Indignés à Wall Street ont été elles aussi ainsi qualifiées. Il en a été de même au Québec lors de la grève étudiante du printemps 2012, qui a rassemblé divers types d'opposants et qu'on a qualifiée de « Printemps érable ».

Sans statut ni personnalité juridique, un regroupement substantiel et d'une certaine durée d'associations, d'organisations, de groupes de pression, de mouvements *ad hoc,* de simples citoyens se considère ou est considéré comme exprimant la position de la société civile en tant qu'elle est distincte de la société politique. Dans le contexte de la crise financière, cette distinction s'est présentée sous la forme d'une opposition de cette société civile aux responsables politiques et à l'oligarchie financière ou au tout-au-marché. Il faut toutefois remarquer qu'aux États-Unis le terme « société civile » a aussi été associé, pendant un certain temps, à des groupes de citoyens qui, au nom du marché, refusaient les interventions en santé et en économie du gouvernement d'Obama. Le Tea Party et le Parti républicain ont récupéré ce mouvement, qui est devenu partisan et a ainsi perdu son identité.

S'il importe de distinguer les diverses significations que peut prendre le terme « société civile », on ne doit en exclure aucune. Elles renvoient toutes à des engagements des citoyens et à des organisations qu'ils se sont données en fonction de besoins ressentis, de critiques partagées ou de valeurs remises en question. Pour ne pas perdre leur légitimité, ces organisations se méfient de la manipulation par des partis politiques, des lobbys et des groupes violents. Chez certaines, l'importance est mise sur la collaboration et la promotion, chez d'autres sur l'opposition et la contestation ; cela dépend beaucoup du climat sociopolitique et économique qui règne.

La mise au monde d'un gouvernement mondial a besoin des appuis et des réflexions des sociétés civiles des différents pays, mais aussi de leurs regroupements internationaux, qui peuvent exercer un véritable leadership dans la définition des politiques publiques internationales, comme l'ont démontré les campagnes en faveur de l'interdiction des mines antipersonnel, de l'annulation de la dette des pays les plus pauvres, de la protection de l'environnement, ou les combats contre l'usage du tabac et contre la prolifération de l'énergie nucléaire ou l'exploitation des sables bitumineux. Les organisations internationales favorisent des rencontres régulières entre gens de diverses origines où sont mises en commun les difficultés rencontrées et les réussites, les réflexions et les pratiques. Le Forum social mondial en est un exemple remarquable, malgré les critiques qu'on lui adresse.

Une véritable société civile internationale, présente dans toutes les parties du monde, est en train de se former. Elle se présente sous la forme d'une toile de réseaux, facilitée par l'explosion des techniques de l'information et des communications. Elle se préoccupe de toutes les dimensions de la vie en société. Elle peut faire contrepoids à des élites qui risqueraient de s'enfermer dans une façon trop limitée de voir le monde, de se lier à une culture organisationnelle trop guidée par les statistiques financières et économiques.

I- Promoteurs d'un monde unifié

Il ne faut pas négliger pour autant l'influence sur l'avenir du monde qu'ont aujourd'hui les femmes et les hommes qui le parcourent, qui sont avides de rencontrer l'autre et qui se réjouissent par la suite de faire connaître leur expérience. Sans être exhaustif, c'est le fait de beaucoup d'artistes, d'écrivains et de journalistes, mais aussi d'universitaires, d'astronautes, de diplomates et de travailleurs humanitaires. La plupart s'intéressent à une mondialisation qui respecte les cultures. Les membres des plus jeunes générations se considèrent déjà comme citoyens du monde. Ils sont en contact avec la diversité depuis leur enfance grâce aux moyens de communication. Ils sont plus mobiles que leurs prédécesseurs. Ils ne craignent pas la différence, mais souhaitent la libre circulation que permettent la paix, les bonnes relations entre pays, la diminution des inégalités. Ce monde unifié dans la reconnaissance des diversités culturelles est au cœur de leur projet.

Quand on analyse l'évolution des institutions internationales, certaines pratiques des pays et des régions, l'importance qu'a prise la société civile, la réalité vécue par les nouvelles générations, on peut espérer que l'on arrivera à se donner un gouvernement apte à mieux coordonner les efforts de l'humanité pour prévenir les crises systémiques ou pour y faire face, pour vivre dans la paix et pour préserver la qualité de la vie sur la planète Terre. Le défi demeure cependant de taille et interpelle chacun. Les citoyens et citoyennes de ce monde sont invités à prendre leurs distances par rapport à un portrait que l'on trace d'eux sans arrêt, celui du consommateur compulsif, et par rapport à un langage qui se veut dominant et exclusif, celui des chiffres. Ils ont à prendre conscience de ce qu'ils sont, de leurs désirs les plus profonds et de leurs responsabilités.

6

QUELLE ÉDUCATION ? QUELLE RESPONSABILITÉ ?

Les défis évoqués dans les chapitres précédents ne renvoient pas seulement à des problèmes de structures et d'institutions. Ils soulèvent aussi des questions relatives à l'éducation des personnes et à la formation à la responsabilité. L'une et l'autre sont des passages obligés pour parvenir à former des citoyens du monde engagés et pour favoriser l'avènement progressif d'une fraternité universelle garante d'un gouvernement du monde équitable, malgré les obstacles qui ne cesseront jamais de se manifester.

Dans un premier temps, rappelons-nous ce que proposait aux nations l'article 26 sur le droit à l'éducation de la Déclaration universelle des droits de l'homme, adoptée le 10 décembre 1948 à l'Assemblée générale de l'ONU :

> 1. Toute personne a droit à l'éducation. L'éducation doit être gratuite, au moins en ce qui concerne

> l'enseignement élémentaire et fondamental. L'enseignement élémentaire est obligatoire. L'enseignement technique et professionnel doit être généralisé, l'accès aux études supérieures doit être ouvert en pleine égalité à tous en fonction de leur mérite.
> 2. L'éducation doit viser au plein épanouissement de la personnalité humaine et au renforcement du respect des droits de l'homme et des libertés fondamentales. Elle doit favoriser la compréhension, la tolérance et l'amitié entre toutes les nations et tous les groupes raciaux ou religieux, ainsi que le développement des activités des Nations Unies pour le maintien de la paix.

L'importance de l'éducation dans le développement des sociétés et des individus n'est plus contestée. Partout, on reconnaît qu'elle ne peut plus être laissée entre les mains de la famille, quelle que soit l'influence positive de cette dernière. Le droit à l'éducation pour tous est largement reconnu comme une responsabilité effective de l'État, même si certaines conditions socio-économiques rendent son exercice plus difficile. On juge sévèrement les discriminations vécues par les femmes dans certains pays où on leur refuse l'accès à l'école. Progressivement, la période d'éducation obligatoire a été prolongée dans de nombreuses régions et l'accès à l'université rendu plus facile. De nombreuses recherches établissent des liens entre pauvreté et faible scolarisation, entre éducation et développement. La qualité d'un système universitaire est aussi considérée comme un enjeu majeur d'une société.

Au cours des dernières décennies, les gouvernements des différents pays se sont beaucoup interrogés sur l'efficience de leur système d'éducation et sur son organisation. Ils sont souvent passés de réforme en réforme à la suite de pressions, de remises en question pédagogiques, technologiques et disciplinaires ou de crises plus aiguës provoquées par des enseignants, des étudiants ou des mouvements sociaux. L'entrée massive des femmes sur le marché du travail a demandé des ajustements importants de l'organisation scolaire. Les universités, pour leur part, ont de plus en plus subi l'influence des différents ordres professionnels et des dirigeants des entreprises. Dans les pays démocratiques, leur avenir est l'objet d'un litige où les intervenants sont bien campés sur leurs positions. Les sommes d'argent en jeu sont importantes, et les intérêts des uns et des autres prennent beaucoup de place dans les débats publics. Dans les pays non démocratiques, c'est souvent la liberté universitaire qui constitue le principal défi.

Si le premier paragraphe de l'article 26 de la Déclaration universelle a été une référence pour évaluer les progrès de l'éducation dans le monde et pour fonder les exigences de regroupements de citoyens ou les orientations des partis politiques, on ne peut en dire autant du second paragraphe, qui affirme que l'éducation doit viser l'épanouissement de la personne, le respect des droits et des libertés, la compréhension, la tolérance et l'amitié entre nations, races et religions, le maintien de la paix. Voilà les finalités que l'ONU reconnaissait à l'éducation dès 1948. Elles font rarement l'objet de débats, de combats ou de remises en question. Elles ne sont pas au cœur des politiques officielles, tournées vers le court terme et les exigences de l'emploi. Elles sont pourtant essentielles à la construction d'un monde apte à répondre aux défis et aux crises présentes et futures. Elles devraient rejoindre tous les intervenants en éducation : les familles, les enseignants, les médias, les divers mouvements, religions et organisations qui participent à la fonction éducative. Elles ont été l'objet de l'attention de l'UNESCO.

A- Pour une éducation intégrale

En 1972, la Commission internationale sur le développement de l'éducation, établie par l'UNESCO, publiait un rapport intitulé *Apprendre à être*. Dans sa lettre de présentation à René Maheu, directeur général de l'UNESCO, Edgar Faure, qui était le président de cette Commission, constatait « l'existence d'une communauté internationale qui, sous la diversité des nations et des cultures, des options politiques et des degrés de la convergence d'un même destin », appelle à une solidarité fondamentale des gouvernements et des peuples. Dans ce contexte que le rapport analyse longuement et dont la crise nous a fait prendre conscience de façon tragique, les auteurs insistent sur la nécessité d'une éducation globale et permanente qui a pour objet :

> … l'épanouissement complet de l'homme dans toute sa richesse et dans la complexité de ses expressions et de ses engagements […]. Il ne s'agit plus d'acquérir de façon ponctuelle des connaissances définitives, mais de se préparer à élaborer tout au long de la vie un savoir en constante évolution et d'« apprendre à être ».

Edgar Faure conclut le préambule du rapport par cette phrase : « Notre temps, que l'on appelle celui du monde fini, ne peut être que celui de l'homme total : c'est-à-dire tout *homme* et tout *l'homme.* » Il rejoint ainsi la formule qu'utilisait Paul VI en 1967 dans son encyclique sur le *Développement des peuples :* « C'est un humanisme plénier qu'il faut promouvoir. Qu'est-ce à dire, sinon le développement intégral de tout l'homme et de tous les hommes ? »

Cette double visée d'une éducation intégrale de la personne dans toutes les dimensions de son être et d'une éducation solidaire ouverte à tous les citoyens de tous les pays reconnaît chacun comme premier responsable de son avenir et de son éducation, et interpelle la société dans son ensemble. On ne peut renvoyer cette tâche au seul système d'enseignement. C'est toute la société qui est perçue, dans le rapport Faure, comme une Cité éducative à la manière de la Cité grecque, mais, contrairement à cette dernière, elle est ouverte à tous. Dans une telle cité, il appartient à l'État démocratique de favoriser la coordination des efforts de tous. Les changements techniques et scientifiques sont si rapides, les diversités culturelles et religieuses si complexes et si riches, chaque personne si unique, qu'on ne peut atteindre les finalités recherchées sans une préoccupation constante des uns et des autres. C'est d'abord en famille qu'on favorise les préjugés ou les ouvertures à l'autre, c'est là qu'on accepte ou non la diversité des personnalités et l'égalité des sexes, que l'on vit les premières solidarités et que l'on prend conscience de ses propres limites et faiblesses. L'école a pour objectifs d'assurer à chacun une formation de base, une socialisation et une qualification qui le préparent au rôle de citoyen et de travailleur. Le monde de la culture soutient la recherche de sens et la découverte de l'étranger. Les professions et les entreprises contribuent aux mises à jour nécessaires des connaissances et à la maturation des personnes. Les mouvements, les organisations et les médias permettent la circulation des idées et la promotion des meilleures pratiques. S'il y a distinctions des rôles entre ces instances, les finalités sont les mêmes : collaborer à la formation de l'« homme total ». Le risque est de l'oublier et d'évaluer les institutions seulement sur leur capacité d'utiliser des stratégies compétitives ou des techniques novatrices.

L'éducation : un trésor est caché dedans. Voilà le titre du rapport de la Commission internationale de l'UNESCO sur l'éducation pour le XXIe siècle, présidée par Jacques Delors et publiée en 1996. On y trouve un prolongement et un complément du rapport Faure. À le lire, on ressent une certaine urgence.

> Un sentiment de vertige saisit nos contemporains, écartés qu'ils sont entre cette mondialisation dont ils voient et parfois supportent les manifestations, et leur quête de racines, de références, d'appartenances. L'éducation doit affronter ce problème, car elle se situe, plus que jamais, dans la perspective de l'accouchement douloureux d'une société mondiale, au cœur du développement de la personne comme des communautés. Elle a pour mission de permettre à tous, sans exception, de faire fructifier tous leurs talents et toutes leurs potentialités de création, ce qui implique pour chacun la capacité de se prendre en charge et de réaliser son projet personnel.

Les commissaires constatent la tension entre le matériel et le spirituel, la soif d'idéal et de valeurs dans un contexte très marqué par le marché. Devant tant de malheurs causés par les guerres, la criminalité, le mal-développement, ils invitent à

« revaloriser les dimensions éthiques et culturelles de l'éducation et, pour cela, à donner les moyens à chacun de comprendre l'autre dans sa particularité et de comprendre le monde dans sa marche chaotique vers une certaine unité ». Autrement dit, il faut apprendre à vivre ensemble dans le respect de la dignité de chacun.

Le rapport souligne de nouveau deux caractéristiques de l'éducation : d'une part, elle assure le développement de la personne tout au long de sa vie, de sa naissance à sa mort ; d'autre part, elle est sous la responsabilité de toute la société. Les commissaires utilisent le terme « village global » ou « planétaire » pour qualifier cette société et pour bien souligner les interdépendances d'un pays à l'autre et l'influence des techniques d'information et de communication en éducation. Pour eux, l'éducation doit susciter, chez chacun, l'élévation de la pensée et de l'esprit jusqu'à l'universel et à un certain dépassement de soi-même. La Commission pèse ses mots : « Il y va de la survie de l'humanité. » Cette dernière citation pourrait être ainsi paraphrasée : il y va aussi de la qualité de la sortie de la crise et de la possibilité de se doter d'un gouvernement mondial.

Les défis sont de taille et exigent un effort assidu des individus et des groupes, les risques de manipulations ayant été multipliés par le marketing politique partisan et par les idéologies. Le « tout-au-marché » et les cibles économiques chiffrées paralysent les gouvernements. La compétitivité, établie comme norme des rapports internationaux, engendre la corruption. La recherche du profit, à court terme et à tout prix, fait fi de ses conséquences. La course aux armements, qu'elle soit le fait des gouvernements ou des individus, fait de l'autre un ennemi potentiel. Pour contrecarrer ces courants, une prise de conscience personnelle et collective par le moyen d'une information et d'une éducation partagées est nécessaire. Elle peut se faire par l'école dans la mesure où celle-ci adhère aux finalités éducatives que nous avons évoquées, par les réseaux sociaux et les médias libres, qui appellent cependant à des lectures critiques. Dans l'effort de dépassement de soi, de discernement et de courage d'être, il est utile de se regrouper au sein d'associations, de mouvements, de réseaux afin de prendre la parole et d'agir pour défendre non des intérêts, mais une vision de la personne humaine, de la vie en société et de l'universel.

B- Des savoirs fermés sur eux-mêmes

À la demande de l'UNESCO et avec son appui, à la fin des années quatre-vingt-dix, Edgar Morin a conduit une recherche sur les thèmes fondamentaux qui devraient être traités en éducation pour permettre aux personnes et aux sociétés de relever les défis présents et à venir. Après avoir soumis son texte à plusieurs universitaires et fonctionnaires internationaux, il en a produit une synthèse intitulée *Les sept savoirs nécessaires à l'éducation du futur*. On peut la consulter gratuitement sur le site de l'organisation depuis 1999 et elle a été publiée au Seuil en 2000.

La démarche de Morin s'inscrit dans le courant des études transdisciplinaires. Il est l'un des rédacteurs de la Charte qui expose les principaux principes de la transdisciplinarité. Celle-ci est « complémentaire de l'approche disciplinaire : elle fait émerger de la confrontation des disciplines, de nouvelles données qui les articulent entre elles, et elle nous offre une nouvelle vision de la nature et de la réalité. La transdisciplinarité ne recherche pas la maîtrise de plusieurs disciplines, mais l'ouverture de toutes les disciplines à ce qui les traverse et les dépasse » (Article 3). Elle est ouverte aux différentes dimensions de la vie humaine. Elle dépasse le domaine des sciences exactes par leur dialogue avec les sciences humaines, l'art, la littérature, la poésie et l'expérience intérieure. Elle est attentive à la complexité du monde, à sa dimension planétaire, au défi contemporain que représente la possible autodestruction matérielle et spirituelle de l'espèce humaine.

Fidèle à l'esprit de la Charte de la transdisciplinarité et à ses propres réflexions pédagogiques publiées antérieurement, Edgar Morin propose, dans sa synthèse, sept thématiques dont il présente brièvement la complexité. Il invite d'abord le lecteur à s'interroger sur la nature de la connaissance humaine, ses dispositifs, ses difficultés, ses aveuglements, ses incertitudes. Il déstabilise l'éducateur par rapport à son propre savoir et l'interpelle, dans un second chapitre, sur la pertinence de ce qu'il désire faire connaître. Il souligne l'importance de contextualiser le savoir et d'en dégager la genèse, d'établir les relations entre le tout et les parties, d'être attentif à la complexité des choses dans un monde de l'ultraspécialisé, du morcellement et de l'expertise. Il met en garde contre la spécialisation close et la fausse rationalité. La connaissance doit avoir pour objectif de favoriser la lucidité de chacun par rapport à soi-même, à la société dans laquelle il vit et à la planète dont il est l'habitant.

Morin s'arrête par la suite à trois savoirs déterminants pour l'avenir : 1) l'enseignement de la condition humaine confrontée à l'unité et à la diversité humaine, à l'enracinement et au déracinement, à la boucle individu-société-espèce ; 2) l'enseignement de l'identité terrienne aux prises avec le legs du XXe siècle, héritage de progrès et de barbarie, et la nouvelle conscience écologique ; 3) l'enseignement de la compréhension mutuelle qui, toujours intersubjective, nécessite ouverture, sympathie, générosité. Ces enseignements exigent l'attention de tous. Ils ne relèvent d'aucune discipline ou profession particulière ; ils ne sont pas l'affaire des seules sciences, qu'elles soient exactes, sociales ou humaines. Il en est de même d'un autre aspect soulevé par l'auteur : l'éducation à l'affrontement des incertitudes de la connaissance, du réel et du long terme. Ces dernières paralysent beaucoup de personnes et de collectivités et les empêchent d'agir et d'adopter des mesures adéquates et nécessaires, sous prétexte qu'elles sont limitées et sans cesse sujettes à de nouvelles évaluations.

Au terme de ce retour sur ces grandes études de l'UNESCO, le chantier demeure ouvert, mais les finalités de l'éducation telles qu'elles sont présentées par le rapport Faure demeurent les mêmes. Elles sont toujours étroitement liées au deuxième paragraphe de l'article 26 de la Déclaration des droits de la personne de l'ONU. Le concept d'éducation tout au long de la vie introduit par Edgar Faure est de plus en plus pertinent. Il appelle à profiter de toutes les occasions offertes par la société et à demeurer sans cesse à la découverte de soi-même et des autres, des connaissances et des développements techniques, de l'environnement immédiat et de la planète.

Les questions qui sont traitées plus spécifiquement dans les deux autres textes évoqués tiennent compte de l'évolution du contexte et des remises en question soulevées par le développement rapide des connaissances, la fin annoncée de la suprématie occidentale et la prise de conscience d'un avenir commun et planétaire à risques. Devant les défis qui sont posés, le rapport Delors insiste beaucoup sur la notion d'apprentissage continu à connaître, à agir, à vivre ensemble, à être. Il cherche à préciser des pistes et des recommandations pour chaque niveau d'enseignement du système scolaire. La perspective d'Edgard Morin est différente. S'appuyant sur son expérience et sur ses recherches, attentif à la complexité des réalités et à la démarche transdisciplinaire, il propose, dans son livre, sept savoirs nécessaires à l'éducation afin de donner aux femmes et aux hommes les outils pour mieux affronter les défis qui se posent et pour traverser positivement les crises que rencontrent les sociétés, et ce, en les éveillant à une conscience et à une responsabilité planétaires.

Les divers travaux sur l'éducation de l'UNESCO interpellent de façon particulière l'institution universitaire. Celle-ci peut avoir un important effet multiplicateur, puisqu'elle forme les enseignants, les professionnels et bon nombre de dirigeants. Fière de sa liberté qu'elle défend avec raison, elle doit, par l'enseignement et la recherche, aider les étudiants et les sociétés à comprendre ce qui leur arrive, à en débattre et à mettre à jour des orientations et des politiques pertinentes, particulièrement lors des crises. Sa vaste expérience de la coopération et des échanges internationaux et la présence, en son sein, de nombreux étudiants et professeurs étrangers la prédisposent à une compréhension des défis mondiaux et à l'établissement de dialogues internationaux opportuns.

Au cours des dernières décennies, l'université a cependant dû affronter diverses tendances qui l'ont parfois éloignée de sa mission. La plus pernicieuse, par rapport aux larges finalités évoquées précédemment, est certes l'importance trop exclusive accordée aux disciplines et aux sous-disciplines. Ce biais a conduit à une spécialisation très fine, à l'utilisation de langages d'initiés, à l'éclatement de communautés de recherches ouvertes. Elle a souvent favorisé les replis sur soi. Chacun cherchant à défendre sa discipline et ses intérêts, c'est l'idée même de l'université comme lieu d'apprentissage au vivre ensemble et comme ouverture à un monde pluriel qui est ainsi touchée. Il ne s'agit certes pas de nier l'importance des disciplines, qui ont leur raison d'être et qui ont favorisé le développement des connaissances, mais on ne devrait pas y inféoder les programmes d'études qui appellent à des ressources diversifiées, qui seules peuvent permettre une formation de qualité.

C- La formation des enseignants

Au Québec, le boom démographique de l'après-guerre et le changement des mentalités ont fait de l'éducation une priorité lors de la Révolution tranquille. À la suite du rapport de la Commission royale d'enquête sur l'enseignement (rapport Parent) instituée par le gouvernement, on assista à la création d'un ministère de l'Éducation, à l'organisation de nouveaux réseaux nationaux et régionaux (polyvalentes, cégeps, Université du Québec), à l'élaboration de multiples programmes d'étude aux divers niveaux de l'enseignement. Il est difficile d'imaginer, aujourd'hui, l'importance de l'opération. Les objectifs que l'on poursuivait étaient généreux ; l'éducation pour tous et l'épanouissement de chacun. Le projet était collectif et enthousiaste. Globalement, *a posteriori,* ce projet a été une grande réussite et a favorisé le développement du Québec et des Québécois et leur ouverture sur le monde.

Pour réaliser ce vaste chantier, la formation des enseignants a fait son entrée à l'université. On a fondé des facultés et des départements des sciences de l'éducation à partir de la transformation des Écoles normales. On a partagé la responsabilité des programmes de formation des enseignants entre les membres de ces nouvelles entités et des professeurs appartenant à d'autres départements ou facultés disciplinaires. On s'est séparé les tâches et les crédits financiers liés à leur accomplissement. On s'est mis à l'œuvre avec entrain.

Avec le temps, des difficultés se sont présentées. Les collaborations entre partenaires ont été parfois difficiles. Toutes les institutions (ministère de l'Éducation, commissions scolaires, universités, départements, syndicats) se sont consolidées, chacune défendant ses intérêts. À l'intérieur de l'université et même des facultés des sciences de l'éducation, les disciplines entraient en concurrence, chacune cherchant à posséder une plus grande part des crédits étudiants du programme de formation en fonction du développement de son corps professoral et aux dépens de l'œuvre commune. Sur la place publique, différentes écoles de pensée se sont confrontées dans des débats disciplinaires, didactiques et pédagogiques qui ont conduit à une distanciation entre éducateurs et société, à une mécompréhension de la mission éducative propre à l'école.

Plus important encore, la profession enseignante a connu une forte dévalorisation aux yeux de la population et a perdu l'appui qui lui est nécessaire pour bien exercer ses tâches. Ces dernières années, 20 % des finissants des facultés des sciences de l'éducation abandonnèrent l'enseignement après cinq ans d'engagement. Les conditions de travail sont exigeantes, la rémunération relativement faible, la mobilité professionnelle très grande en début de carrière, les critiques surgissent de toutes parts. Les enseignants ont peu d'appui de la part des parents. Les programmes d'enseignements primaire, secondaire, collégial, sans cesse en questionnement, subissent la pression de l'opinion publique :

on exige plus d'anglais, plus d'informatique, plus de préparation immédiate au marché du travail, moins de devoirs, moins de philosophie, moins de sciences « molles », moins d'attention à la culture.

Les facultés des sciences de l'éducation subissent ces contrecoups. Elles peinent à rejoindre les meilleurs étudiants. Elles ont de la difficulté à susciter les collaborations indispensables. Chaque professeur est porté à se concentrer sur son champ de recherche, sur sa discipline ou sa spécialité, sur ses cours. Il risque de devenir moins attentif aux finalités premières de l'éducation, à la formation d'enseignants responsables, cultivés et aptes à s'inscrire dans les multiples transformations que subiront leurs milieux de travail et de vie.

L'université attentive à ces tendances lourdes doit prendre le leadership et donner priorité à son engagement, qui consiste à former des enseignants au primaire, au secondaire et au collégial qui seront, selon l'expression de Fernand Dumont, des « passeurs culturels », des personnes capables d'enseigner la condition humaine et la compréhension du monde tout en contribuant à la formation de citoyens responsables. Solidaire de cette vision, elle doit accorder un appui ferme à ceux qui la défendent et créer les conditions nécessaires à sa réalisation, ce qui ne peut se produire qu'en ramant à contre-courant de tendances gestionnaires trop dépendantes de celles du monde des affaires.

D- Pressions sur la mission des universités

L'université doit être en lien avec son milieu et n'est pas insensible aux influences externes. Elle doit cependant être attentive à ne pas dévier de la mission qui lui est confiée. Elle subit, comme les autres institutions, la pression du marché, de la concurrence, des gouvernements et des puissances de l'argent. Elle doit en être consciente. Soulignons quelques faits.

En Occident, on a remarqué, au cours des dernières décennies : la multiplication des facultés, des écoles ou des départements des sciences de l'administration, dont un certain nombre se sont établis ou cherchent à s'établir comme établissement indépendant des universités ; la grande quantité des ressources que leur destinent des entreprises et des institutions financières ; les nombreux pavillons que l'on construit à grands frais et qui leur sont réservés. On dirait parfois que le monde de la finance, de l'administration, du marketing, de l'ingénierie financière, du management et de la gouvernance veut rester fermé sur lui-même, loin de la critique des « autres universitaires ». On préfère engager dans son propre corps professoral les gens d'autres disciplines connexes et les intégrer à une certaine culture liée au développement des affaires caractérisée par une compétitivité sans limites qui prend elle-même appui sur un amoralisme de conviction.

On ne peut nous empêcher de faire des liens entre cette déviation plus ou moins volontaire de l'enseignement universitaire en administration et les causes lointaines de la crise financière, provoquée par une vue tronquée de la réalité et une certaine crédulité à l'égard de l'ingénierie financière, discipline dont on peut mettre en doute les mérites par rapport au devenir de l'économie réelle.

Ce diagnostic peut sembler injuste envers les collègues de ces facultés et départements qui demeurent critiques et soucieux de la collectivité et qui offrent à la société une expertise indispensable. Notre sévérité tient au fait que nous reconnaissons l'importance qu'a prise le leadership des sciences de l'administration dans la formation des autres professionnels et des cadres des secteurs privés et publics qui y poursuivent des études de second cycle ou des programmes de formation d'administrateurs supérieurs. Cette tâche devrait faire appel à la transdisciplinarité telle qu'elle est définie par Edgar Morin, afin d'éviter de limiter la formation à l'apprentissage d'un cadre technique de gestion que l'on désigne par l'expression « bonne gouvernance », une expression issue, ces dernières années, du monde des entreprises. Ce qui est en cause dans ces programmes, c'est l'apprentissage de la capacité de gouverner, d'exercer un pouvoir, d'intervenir, de diriger en fonction du bien commun et dans le respect des autres intervenants, des employés, de la clientèle ou des citoyennes et citoyens. Cela ne peut se réaliser que par le concours des chercheurs de diverses disciplines non inféodées aux sciences de l'administration. C'est une exigence pour former les administrateurs dont une société démocratique a besoin.

Les facultés de droit, qui forment aussi de nombreux dirigeants et des législateurs, connaissent une déviance similaire. Elles s'éloignent peu à peu de leur préoccupation pour la justice et s'intéressent surtout au procédural non comme recherche par la discussion de ce qui est reconnu comme universel, mais comme technique, comme habileté à défendre une position. Cette façon de faire, qui, à sa source, était la spécialité des criminalistes, ce que l'on comprend bien, s'est étendue au droit commercial et fiscal. Elle est devenue, dans bien des cas, une arme contre les gouvernements. Disponible d'abord aux plus riches à cause de ses coûts élevés, le droit commercial et fiscal favorise l'augmentation des inégalités dans les sociétés. Il paraît justifier différentes collusions : rendre presque impossibles les attaques contre les paradis fiscaux, pudiquement considérés comme lieux d'« optimisation fiscale » ; faciliter la rédaction de contrats financiers des produits dérivés qui ont mené à la crise financière.

Cette perception déprécie peu à peu la profession comme protectrice du droit et de la justice. Elle alimente le scepticisme. C'est déplorable, car la discipline juridique est indispensable pour établir et défendre les droits et les libertés des citoyens. Elle contribue de façon importante à la rédaction des divers traités et constitutions qui favorisent l'avènement d'un gouvernement mondial. Elle est à la base des sociétés de droit. Les avocats, pour accomplir leur mission dans la collectivité, doivent avoir accès à une formation professionnelle large, ouverte et transdisciplinaire inspirée par une vision de l'humain et d'un monde solidaire. Distinct de l'éthique, le droit doit tout de même s'en inspirer et accepter d'être soumis à sa critique.

On pourrait en dire autant de toutes les facultés et écoles universitaires qui, selon leurs orientations, ont aussi une influence sur la qualité de la vie en société. On ne peut aujourd'hui concevoir une faculté de foresterie ou d'agriculture qui ne se préoccuperait pas de la déforestation, de l'influence des pesticides, de la saine alimentation et de l'environnement, des développements de la génétique. Que serait une faculté de théologie et des sciences de la religion qui ne chercherait pas à combattre tout intégrisme et à favoriser la compréhension mutuelle des diverses religions, des spiritualités et de la laïcité ? On s'attend à ce qu'une faculté de médecine s'intéresse à toute la personne dans son intégralité et influence ainsi les soins de santé ; à ce que les arts, les lettres, les sciences humaines et sociales ouvrent à la diversité culturelle et linguistique et favorisent la réflexion sur l'humanisme; à ce que les sciences aident à la compréhension du monde et à son devenir, et permettent aux dirigeants de prendre dès aujourd'hui les décisions nécessaires à sa survie. Autrement dit, chaque faculté ou école doit se préoccuper de former un intervenant compétent dans son domaine, apte à relever les défis actuels de sa discipline et de sa profession, et éveillé aux questions éthiques soulevées dans son domaine d'expertise, sans négliger son ouverture aux grandes questions abordées par Edgar Morin.

L'éducation tout au long de la vie, à l'université comme ailleurs, est un élément essentiel au devenir de l'humanité. Elle est une condition au «vivre ensemble» dans une société complexe où les humains de plus en plus nombreux ont acquis la capacité de procéder à leur autodestruction. Elle cherchera à accompagner les personnes dans leur connaissance de soi, des autres et du monde. Mais ce sont les personnes qui sont les véritables acteurs de ce qu'elles deviennent; ce sont elles qui sont appelées au discernement et au courage d'être. Les institutions, quelles qu'elles soient, auraient beau poursuivre sur papier les finalités qui sont les leurs et éviter les pièges qui leur sont tendus, elles sont tout à fait dépendantes, quant à leur performance, de l'engagement des hommes et des femmes dont elles dépendent et de l'effort des personnes auxquelles elles s'adressent. De même, dans cette recherche d'une sortie de crise, d'un gouvernement du monde, d'une fraternité universelle, on doit certes réformer les institutions et leurs façons de fonctionner, mais on demeure aux prises avec les forces et les faiblesses des acteurs, à leur sens des responsabilités et à leur éthique. Une expérience toute récente et bien québécoise illustre bien cette dernière affirmation.

E- Les leçons de la Commission Charbonneau

À l'automne 2011, le gouvernement du Québec créait la Commission d'enquête sur l'octroi et la gestion des contrats publics dans l'industrie de la construction, mieux connue sous la dénomination de Commission Charbonneau, du nom de sa présidente. Son mandat est d'« examiner l'existence de stratagèmes et, le cas échéant, de dresser un portrait de ceux-ci qui impliqueraient de possibles activités de collusion et de corruption dans l'octroi et la gestion de contrats publics dans l'industrie de la construction, incluant, notamment, les organismes et les entreprises du gouvernement et les municipalités, incluant des liens possibles avec le financement des partis politiques ». Dans un second alinéa, on invite les commissaires à « dresser un portrait de possibles activités d'infiltration de l'industrie de la construction par le crime organisé ». Les travaux de la Commission sont télédiffusés et font l'objet de nombreux commentaires de journalistes, d'experts et de citoyens. Jusqu'ici, on voit défiler entrepreneurs, cadres municipaux, ingénieurs dirigeants de très grandes entreprises et directeurs de financement de partis politiques. L'ex-maire et l'ex-président du Comité exécutif de Montréal ont déjà comparu. La Commission, dont le mandat a été prolongé jusqu'en avril 2015, entendra sans doute d'autres acteurs politiques et des responsables syndicaux de la scène québécoise.

Jusqu'ici, ce qui interpelle le plus la population, c'est le déni de responsabilité des personnes interpellées. Devant les preuves soumises, elles minimisent les faits, elles en donnent une autre interprétation ou les nient totalement. Elles manifestent un aveuglement décourageant. Elles ne reconnaissent ni la collusion ni la corruption. Pour elles, tout est question de « développement des affaires », terme qui englobe à peu près tout : soumission à un système qui existait avant elles ; respect des conditions établies pour obtenir des contrats ; fausses factures, privilèges et cadeaux, paiement en argent de sommes importantes. On est étonné de l'ampleur des détournements de fonds qui ont fait augmenter de 30 % la facture des travaux réalisés à la ville de Montréal, sans que personne réagisse. On est surpris que les plus grandes firmes de génie du Québec aient été impliquées, au point que la métropole ne sait plus à quelle entreprise ou à quel conglomérat confier ses grands travaux de voirie pour se conformer à la loi sur l'intégrité en matière de contrats publics, adoptée en première réaction aux travaux de la Commission, le 7 décembre 2012. Sommes-nous devant un obscurantisme volontaire, une faiblesse systémique, un copinage frauduleux, un « amoralisme » immoral ? Sans doute un peu de tout cela !

Pourtant, la plupart de ceux qui sont passés devant la Commission ont eu une formation universitaire ; ils font partie d'institutions publiques et de firmes privées qui se sont donné des codes d'éthique ; ils sont citoyens d'un État de droit où les pouvoirs sont diversifiés et la législation abondante. Certes, on peut encore améliorer les lois, les règlements et les procédures ; renforcer les pouvoirs des ordres professionnels ; multiplier les mécanismes de supervision et d'enquête pour dévoiler les stratagèmes. Mais il semble qu'on se heurte à autre chose : à la responsabilité des personnes elles-mêmes, aux raisons qui les ont conduites à tricher et à louvoyer avec la vérité.

Dans les chapitres précédents, à quelques reprises, nous avons fait remarquer qu'il serait difficile de sortir de la crise financière si l'on n'arrivait pas à découvrir et à sanctionner les personnes coupables d'interventions ou de non-interventions qui avaient provoqué l'effondrement du système financier. S'il est indéniablement nécessaire de mieux encadrer le système bancaire, de distinguer les missions des différentes institutions financières, de discerner les incohérences, il ne faut jamais oublier que ce sont des personnes identifiables, bien formées, triées sur le volet qui ont rendu les mandats élastiques, qui ont profité des imprécisions, qui ont favorisé les collusions, qui ont négligé les vérifications, qui se sont fermé les yeux sur des situations problématiques, qui ont établi des systèmes de rémunération qui se révélaient des tentations permanentes à manipuler les chiffres et à prendre des risques déraisonnables.

F- Les qualités morales nécessaires

Cet exemple rappelle, s'il le fallait, qu'on ne changera pas le monde, les institutions éducatives, les banques, l'industrie de la construction au Québec, ou son propre milieu, sans que les hommes et les femmes se considèrent eux-mêmes comme pleinement responsables de ce qu'ils sont et de ce qu'ils font. Ce défi est exigeant, mais indispensable. Il s'adresse à chacun et l'interpelle dans les diverses responsabilités qu'il a à exercer. Il demande, en plus des connaissances, le développement chez l'être humain de certaines qualités morales qui lui permettent d'agir de façon bonne et réfléchie. Ces qualités sont universelles. Les écrits philosophiques, les textes des grandes traditions religieuses tout aussi bien que la littérature et les autres manifestations artistiques les évoquent régulièrement sous le terme de « vertu ».

Les philosophes grecs Platon et Aristote, considérés comme précurseurs, ont déterminé, à partir de théories différentes, la prudence, la justice, la force et la tempérance comme étant les premières vertus morales ou vertus cardinales. Les chrétiens ont été initiés à ces quatre vertus par Cicéron. Thomas d'Aquin, disciple d'Aristote, a, pour sa part, fait un long exposé de chacune d'elles dans la *Somme théologique.* Plus près de nous, E. F. Schumacher, dans son livre à succès *Small is beautiful,* écrit :

> Dans toute la tradition chrétienne, il n'y a peut-être pas d'enseignement qui soit plus approprié et qui convienne mieux à la conjoncture moderne que la doctrine merveilleusement subtile et réaliste des quatre vertus cardinales : *prudentia, justitia, fortitudo et temperentia.*

Dans un texte récent portant sur l'éthique des affaires, Pierre J. Jeanniot, directeur général émérite de l'International Air Transport Association (IATA), conclut sa réflexion sur l'éthique du gestionnaire par ces propos :

> En résumé, il s'agit de mettre en application des préceptes qui ressemblent étrangement à ce qu'on appelait autrefois les quatre grandes vertus cardinales, soit : le *courage* de faire face aux problèmes, la *justice* qui recherche l'équité pour tous, la *prudence* de peser rigoureusement le pour et le contre, et la *tempérance* qui doit nous guider pour ne pas verser

dans l'excès. Une bonne vieille recette, qui semble toujours d'actualité.

Pour notre part, nous situant dans cette longue tradition, nous parlerons de qualités plutôt que de vertus pour éviter de nous rattacher à une interprétation de ce dernier terme, qui fait aujourd'hui objet de débats dans le contexte de la recherche en éthique. Nous utiliserons le terme « clairvoyance » plutôt que « prudence », car cette dernière vertu, comme le confirme le politicologue Guy Laforest, a été trop souvent utilisée pour signifier le *statu quo,* alors qu'« elle est la clé de l'éthique de l'action ». Le terme « modération » est préféré à « tempérance » qui dans notre contexte était trop identifié à « abstention ». Enfin, le terme « courage » nous apparaît plus approprié que le terme « force ».

1- La clairvoyance

En Occident, chaque personne est influencée par une même dérive provoquée par le mythe de la croissance illimitée, l'idéologie consumériste et la compétitivité, qui conduit à de multiples crises collectives et personnelles. La façon de réagir à cette tendance lourde est certes différente de l'un à l'autre, mais personne n'échappe totalement à son influence au quotidien. Certains jours, on se laisse entraîner par le courant dans une course à la possession de biens. On en désire toujours plus, et surtout, plus que l'autre. On est emporté par une convoitise exacerbée par la publicité. On évalue sa rémunération par rapport à la rémunération de ceux qui gagnent plus que soi, jamais de ceux qui gagnent moins. D'autres jours, on se contente de sa situation en cherchant à tirer le meilleur parti de ce qui est accessible sans rien remettre en question. Parfois, en se comparant, on devient envieux, sinon hargneux.

Mais il arrive aussi qu'on échappe à ces dérives et qu'on entre dans un combat de tous les instants à l'égard d'un tel environnement. On prend conscience qu'on ne peut se laisser entraîner dans une course effrénée à l'avoir qui, petit à petit, referme sur soi-même et fait des autres des compétiteurs, sinon des adversaires. On se rend compte qu'on est en train de perdre son âme, son souffle de vie en limitant ses aspirations à l'avoir, à la possession de biens. Mais on voudrait rester lucide de façon plus régulière, sinon permanente.

La clairvoyance que l'on se souhaite et qui est nécessaire se cultive au jour le jour. Elle exige attention à soi-même, à ses forces et à ses fragilités, à ses doutes et à ses convictions, aux appels que l'on entend et aux blocages que l'on ressent. Elle appelle au silence, à la distanciation, à la réflexion et au ressourcement, selon le mode qui convient à chacun. Ce temps accordé à son univers intérieur n'est pas déni de l'autre, mais prise de conscience de soi-même et de sa liberté de penser et d'agir afin de pouvoir mieux entrer en relation, évitant tout rapport de dépendance ou de contrôle.

La clairvoyance suppose également de se donner une capacité personnelle d'analyse objective et critique de la réalité afin de pouvoir se soustraire aux pressions médiatiques, à la propagande idéologique, aux accointances et aux préjugés. Cette compétence n'est pas dépendante d'un haut niveau de scolarité. Mais elle est grandement liée à la préoccupation que l'on a du sort et de la dignité des gens, particulièrement des pauvres, à la recherche d'informations diversifiées et à des expériences de partage et de réflexion entre personnes et groupes de bonne volonté. Elle se développe dans le débat et la confrontation, dans l'accueil de la variété des regards et des contextes. Dans certaines expériences des groupes populaires, on parvient à des analyses des réalités vécues qui échappent aux élites. Ces dernières, dans l'exercice de leur pouvoir, sont trop dépendantes des chiffres et des statistiques de la croissance. Elles sont trop distantes de la vie quotidienne de la population.

Cette recherche de lucidité n'est jamais acquise une fois pour toutes. Elle accompagne le cheminement de chacun ; elle n'a de sens que si elle conduit à l'action et à l'engagement, sinon elle risque de se transformer en cynisme. Elle doit faire face aux échecs et est affermie par les réussites. Elle se nourrit de l'évaluation des projets et des révisions de vie.

Les dictionnaires renvoient l'un à l'autre les termes « clairvoyance », « lucidité » et « discernement ». Ce dernier terme est plus couramment utilisé dans la tradition spirituelle de saint Ignace et fait référence à diverses pratiques personnelles et communautaires qui ont pour objectifs de conduire celui qui s'y livre à juger clairement et sainement les situations à la lumière des Écritures et à faire des choix éclairés dans sa vie et dans son engagement. Ces exercices, parmi d'autres, forment à la responsabilité.

2- *Modération ou manipulation et violence*

Ce titre est emprunté à un livre publié par le professeur Félicien Rousseau. Il exprime bien l'alternative qui est la nôtre aujourd'hui. Si les vastes populations de la Chine et de l'Inde utilisaient les ressources naturelles avec la même insouciance que les populations de l'Amérique du Nord, la Terre serait trop petite pour les satisfaire. Si l'on ne prête pas attention au réchauffement climatique et à la fonte des glaces, des territoires seront annihilés et des populations nombreuses déportées. Si l'on continue à traiter les océans et les forêts comme on le fait, les espèces continueront à disparaître à un rythme accéléré. Il est trop facile de croire à la possibilité d'une croissance illimitée et à une capacité de la science et de la technologie de connaître des développements tels que l'on saura relever ces défis écologiques efficacement et assurer un partage adéquat des biens. Les expériences du XXe siècle et du début du XXIe siècle montrent plutôt que l'on doit en douter.

Pour préserver puissance et richesse, on est facilement prêt à manipuler des chiffres, des faits et des populations elles-mêmes. Ce processus est porteur d'une violence qui appelle à la violence et même aux armes. Après les deux grandes guerres du XXe siècle, on demeure étonné du nombre de conflits régionaux, à répercussion souvent mondiale, que l'on connaît en ce début de millénaire. Des civils sont tués en très grand nombre, des pays entiers demeurent dévastés. À l'intérieur même des pays les plus développés, on est surpris de la présence de la violence que l'on appelle gratuite, mais qui a souvent ses racines dans l'indigence, l'iniquité ou l'isolement. Malgré Hiroshima et Nagasaki, malgré le traité de non-prolifération des armes nucléaires approuvé en 1970 après la crise cubaine, les États-Unis, le Royaume-Uni, la Russie, la France, la Chine, l'Inde, le Pakistan, Israël et la Corée du Nord l'ont développée ou la possèdent ; l'Iran fait des avancées importantes pour rejoindre ce groupe sélect. Au moment où nous écrivons ces lignes, à cause de la situation en Corée du Nord, acculée à la misère par une oligarchie militaire, de nombreux observateurs craignent qu'une erreur ne soit commise et ne provoque un cataclysme dont on a peine à évaluer les conséquences. La course aux armements, pour établir des suprématies mondiales et régionales et pour accéder à plus de ressources, a son pendant dans la compétitivité entre les entreprises et entre les individus. Ces ambitions ne renvoient à aucune limite et ne sont pas préoccupées des effets qu'elles produisent.

La modération caractérise au contraire une personne ou une institution qui cherche à s'éloigner de tout excès, qui fait preuve de retenue, de mesure, de circonspection, qui prend garde à toutes les répercussions de ses paroles, de ses décisions et de ses actions sur les autres. Pour en parler, le grand écologiste québécois Pierre Dansereau utilisait l'expression « l'austérité joyeuse », qui, disait-il, ne saurait commencer qu'avec l'identification de ce qui nous entoure, la conscience du milieu, la présence aux objets du quotidien. Le Réseau québécois pour la simplicité volontaire définit cette dernière comme une illustration de la modération pour notre temps :

> Une façon de vivre mieux qui cherche à être moins dépendante de l'argent et de la vitesse, et moins gourmande des ressources de la planète ; la découverte qu'on peut vivre avec moins ; le choix de privilégier l'être plutôt que l'avoir, le « assez » plutôt que le « plus » ; les relations humaines plutôt que les biens matériels ; le temps libéré plutôt que le compte en banque ; le partage plutôt que l'accaparement ; la communauté plutôt que l'individualisme ; la consommation citoyenne plutôt que la consom-

mation marchande passive; la volonté d'une plus grande équité entre les individus et les peuples dans le respect de la nature et de ses capacités pour les générations à venir.

Conscient de qui l'on est, de ses propres tendances et de ses responsabilités, c'est par des gestes, des décisions, des manières de faire que se développe en chacun cette habitude de modération qui est le signe d'un art de vivre qui privilégie la richesse intérieure, la qualité du rapport à la nature et la recherche d'une fraternité solidaire. Il n'est pas surprenant que la modération ou la tempérance ait été considérée comme une vertu éminemment politique par Aristote. Dans la situation géopolitique actuelle, il faut espérer qu'elle sera présente chez tous et particulièrement chez les chefs d'État et les diplomates, premiers responsables du bien commun et de la paix dans le monde.

3- Le courage

On identifie souvent le courage à des actes bien précis: sauver quelqu'un de la noyade ou du feu, grimper l'Everest ou réaliser un tour du monde en voilier, surmonter une peur enfantine, relever un nouveau défi, livrer un combat. On parle aussi de personnes courageuses pour désigner des handicapés, des soldats, des grands malades, des gens qui accomplissent des travaux qui comportent un grand risque. Ici, ce terme désigne une qualité qui est à développer par chacun et qui ne fait pas référence à un acte ou à une situation précise.

Rester sans cesse les yeux ouverts sur soi-même et sur la réalité, demeurer pondéré dans l'utilisation des biens et des ressources, sacrifier ses intérêts pour se mettre au service des autres ou d'une bonne cause demande du courage. Thomas d'Aquin utilisait le terme *fortitudo,* « force d'âme » pour désigner cette qualité qui pousse constamment à agir de façon ferme et inébranlable, de passer à l'acte, de vaincre ses propres craintes, hésitations, gênes. Citant saint Ambroise, il ajoutait : « C'est à juste titre que l'on appelle courage le fait qu'un homme se vainc lui-même et ne faiblit ni n'hésite devant aucune tentation. » Il demeure constant dans ses orientations et ses décisions éclairées, et libre par rapport au « tout le monde le fait, fais-le donc » et aux pressions médiatiques ou partisanes.

Être courageux dans la société actuelle, c'est d'abord pouvoir être soi-même, résister, être constant, endurant, responsable. C'est nécessaire pour son estime de soi, mais aussi pour travailler avec d'autres à la transformation urgente d'une société où beaucoup ont baissé les bras devant la puissance des oligarchies financières, la faiblesse de nombreux pouvoirs politiques et la peur du pire. Le courage se développe en le pratiquant et en s'associant à ceux qui le manifestent.

4- La justice

Plus d'une fois dans cet essai, il a été question des injustices. La situation des personnes et des pays qui ont subi les effets de la crise financière a été à l'origine de notre recherche. Nous nous sommes interrogés sur l'intégrité des principaux acteurs et sur le détournement des institutions, de leurs finalités. Traiter positivement de la justice est plus complexe. On peut se perdre dans des théories morales qui se sont multipliées depuis le XVIIe siècle et qui croisent celles du droit, de l'économie et du politique. Leur grand nombre renvoie à un certain relativisme culturel et à l'évolution des sociétés. Attardons-nous à la justice comme qualité morale de l'être humain qui se déploie dans l'action.

On définit l'homme juste comme étant celui qui se préoccupe de la gestion adéquate de ses relations à autrui, qu'elles soient interpersonnelles ou sociales. On dit de lui qu'il est équitable, droit, impartial, intègre. Ses comportements reposent non seulement sur la reddition de ce qui est dû à l'autre, mais sur une reconnaissance de la dignité de toute personne, de ses devoirs et de ses droits. Il juge les sociétés selon la qualité de leur contribution au respect de cette dignité et à la réalisation du bien commun. La justice se vit dans la relation de couple, dans la famille comme au travail, dans le voisinage comme dans la cité, dans le pays comme dans le monde. Elle interpelle l'époux, le père, le collègue de travail, le citoyen, le consommateur. Elle remet en question l'économie, le politique, la finance, les religions, la culture, l'organisation sociale. Elle se traduit par des prises de position, des gestes, des engagements, des solidarités, au quotidien comme dans le moyen et le long terme.

Au fur et à mesure que l'on a mieux saisi le fonctionnement des divers systèmes (économique, social, politique, culturel et religieux) et leurs interrelations, une compréhension de plus en plus large de la dimension sociale de la justice s'est développée. John Rawls, un philosophe américain, écrivait à la fin du XXe siècle: «La justice est la première vertu des institutions sociales.» Ces dernières sont responsables du principe de répartition des charges, des avantages et des biens. L'analyse de la crise financière a mis en lumière l'incapacité des institutions et des personnes qui les dirigent à remplir cette mission. Elle a soulevé l'indignation des populations. Elle a été un appel au combat pour la justice qui s'appuie sur un engagement personnel, mais qui doit se traduire dans une solidarité large et constante d'instances, de professions, de mouvements, d'organismes divers. C'est la permanence de cette mobilisation qui rend possible le changement des institutions et la lutte contre les injustices.

Au cœur de ces affrontements longs et difficiles, on découvre au contact de ceux qui souffrent que la nécessaire recherche de la justice ne suffit pas.

On ne peut simplement attendre que se réalisent les transformations souhaitées, mais on est appelé à faire preuve de compassion au quotidien dans la rencontre de l'autre qui peine. On ne peut se défiler en opposant justice et charité, comme il arrive trop souvent dans des débats idéologiques. Elles ont des liens incontournables ; elles s'appellent l'une l'autre. L'attention aux laissés-pour-compte exige le combat pour la justice, et, pour ne pas conduire à une violence sans fin, il doit viser une réconciliation. L'expérience conduite en Afrique du Sud, après l'apartheid, interpelle, en ce sens, encore aujourd'hui. Elle fut un effort collectif rendu possible par la vigueur morale de nombreux leaders, dont Nelson Mandela, qui a célébré ses 95 ans en juillet dernier.

Pour Platon, la justice commande à toutes les vertus et permet leur harmonisation dans l'âme individuelle. La justice sollicite la clairvoyance pour bien juger d'une situation, la modération pour contrôler ses passions, le courage et la charité pour s'engager au quotidien, malgré les difficultés et les obstacles. Thomas d'Aquin parlait pour sa part de la connexion entre les vertus pour exprimer cette même réalité. En développer une a des répercussions sur toutes les autres ; en négliger une se répercute sur toute la personne.

Si l'éducation tout au long de la vie, comme nous l'avons reconnu précédemment, nous accompagne dans notre connaissance de nous-mêmes, des autres et de la société et dans notre développement personnel, nous demeurons les acteurs premiers de ce que nous devenons et les premiers agents des qualités que nous développons. Nous devons rester attentifs à la façon dont nous nous construisons au fil des jours et dont nous gérons la part de responsabilité qui est la nôtre. Cette part, aussi petite soit-elle, est précieuse et peut apporter un changement dans la vie de ceux qui nous entourent, dans les institutions auxquelles nous participons, et peut contribuer à l'avènement d'un monde, selon Jean XXIII dans *Pacem in terris,* « qui a pour base la vérité, qui se réalise dans la justice, qui demande à être vivifié par l'amour et qui trouve dans la liberté un équilibre sans cesse rétabli et toujours plus humain ».

Ce ne sont que des personnes et des regroupements de personnes, des associations, des organismes, des partis politiques, des gouvernements qui peuvent régler la crise financière actuelle. Ils doivent faire preuve de lucidité, de courage, de modération, de justice au cœur même des inévitables recherches, débats et combats qui les conduiront à des décisions sans cesse à revisiter. Pour ce faire, ils ont besoin du soutien des citoyennes et des citoyens. Dans cette démarche exigeante, tous doivent se laisser interpeller par les visages de ceux qui peinent au quotidien maintenant et qui sont la preuve vivante de la convoitise qui a conduit au marasme actuel et qui retarde les réformes indispensables.

CONCLUSION

La crise financière encore présente dans de nombreux pays est systémique et révèle l'interdépendance des économies ainsi que la difficulté d'interventions efficaces des responsables politiques. Elle crée beaucoup de perdants parmi les populations les plus fragiles. Elle ralentit les efforts pourtant indispensables pour contrer le réchauffement climatique et les risques environnementaux. Causée par la déréglementation d'un système financier qui est aux mains d'oligarchies manipulatrices des partisaneries politiques, cette situation appelle à l'établissement d'un gouvernement mondial auquel on reconnaîtrait une capacité d'agir en temps de crise, d'élaborer des règles reconnues et de se donner des institutions efficaces. Dans le cinquième chapitre, nous avons souligné quelques tendances qui soutiennent cette avenue qui paraît nécessaire à ce moment de l'histoire. On pourrait ajouter que, chaque fois qu'un pays favorise la liberté d'expression et de réunion de ses concitoyens et leurs communications avec l'extérieur; chaque fois qu'il s'efforce de bien séparer les pouvoirs exécutif, législatif et judiciaire; chaque fois qu'il applique le principe de subsidiarité à ses propres structures et régions; chaque fois qu'il se préoccupe des biens communs mondiaux que sont le climat, l'eau, l'air, les forêts; chaque fois qu'il soumet l'économique et le financier au bien commun; chaque fois qu'il réduit les inégalités; chaque fois qu'il favorise les échanges et les partenariats avec d'autres; chaque fois qu'il demeure attentif au développement culturel et spirituel de la nation, il augmente les possibilités d'un tel projet.

On ne peut cependant se cacher les blocages qui retardent son avènement. Quelques-uns sont aujourd'hui présents dans l'actualité: la guerre civile en Syrie; le drame israélo-palestinien, qui met à mal toute une région et la diplomatie internationale; le chantage de la Corée du Nord; le rapport aux armes qu'entretiennent les États-Uniens; les replis sur soi de certains groupes ethniques, nationaux ou religieux qui animent des conflits régionaux et locaux; le gangstérisme international en col blanc ou en cagoule. D'autres sont moins circonstanciés, par exemple la convoitise sans limites des plus riches; le matérialisme ambiant; la croyance en la toute-puissance de la science et de la technique; la peur de l'autre; l'acceptation sans gêne des grandes inégalités qui ont conduit à la naissance d'une catégorie de personnes que le théologien de la libération Gustavo Gutiérrez appelle des non-hommes, des sans-droits, sans-papiers et sans-biens.

Au fur et à mesure que se prolongeait notre recherche sur la crise financière et que nous constations l'importance de ses conséquences, la difficulté de s'en sortir, l'impuissance des gouvernements, nous percevions que celle-ci était liée à une crise morale profonde qui se traduisait par un certain défaitisme des populations. Aux prises avec une nouvelle configuration du monde qui apparaît comme un seul village global, très peuplé, diversifié, riche et fragile à la fois, emportés par l'accélération de l'histoire, nous avons peu à peu laissé le contrôle de l'avenir au marché, qui a fait de la cupidité le moteur du développement, et de l'être humain un consommateur, une marchandise ou un « non-homme ». Ce diagnostic sévère a conduit à une réflexion sur ce qui permettrait aux hommes et aux femmes de ce temps d'exercer plus adéquatement leur indispensable responsabilité sur ce monde et sur ses institutions : l'éducation tout au long de la vie et l'attention de chacun à son développement moral.

Le point de chute de cet essai n'est ni une fuite de la dure réalité économique et financière que nous traversons ni un déni de la complexité de la sortie de la crise. C'est l'expression d'une reconnaissance de la prédominance de l'être humain sur les systèmes et les institutions, de sa capacité de les corriger et de relever les défis qui se présentent. C'est l'expression d'une conviction que l'être humain n'est pas que matière limitée, mais qu'il est ouvert à une transcendance enracinée en lui. « L'homme est plus grand que lui-même, il n'est à sa mesure qu'en se dépassant », écrivait Fernand Dumont. Ce qu'il fait de mieux n'est pas quantifiable : c'est le fruit de la justice, de la liberté, de la recherche de vérité, de la solidarité, de la réconciliation.

Les vieux récits bibliques de la Genèse présentent l'homme et la femme comme les responsables de la terre, du jardin à cultiver. Le marché, l'État, un éventuel gouvernement mondial sont le fruit de leur travail de réflexion et de leurs mises en commun. Ces institutions ne peuvent s'approprier pour elles-mêmes une transcendance qui les mettrait à l'abri de remises en question et qui leur permettrait de soumettre les populations. Malgré les obstacles rencontrés et le mal toujours présent, les humains sont les seuls acteurs possibles d'une sortie de crise réalisée au nom d'un humanisme sans cesse repensé à l'aune de l'héritage d'humanité des générations précédentes et d'une recherche ininterrompue d'un bien commun. C'est en se dépassant qu'ils y arriveront.

RÉFÉRENCES

1. ***Les rouages d'une crise exceptionnelle***

Les pages financières de divers médias, des propos et des analyses de responsables de régimes de retraite et de conseillers financiers, des textes de Wikipédia ont alimenté l'auteur tout au long de ce chapitre.

Le livre de Joseph E. Stiglitz, *Le triomphe de la cupidité*, Collection Babel, Actes Sud, 2011, a été un déclencheur de notre démarche.

Page 12- La chronologie des évènements est tirée de *www.Ladocumentationfrançaise.fr/.../-crise financière-2007-2008/chronologie*, 18 novembre 2008.

Page 14- Bayard-Macroeconomie.com/criseimmobiliereamericaine.html.

Page 27- Pour une bonne analyse des PCAA en situation canadienne : Scott Hendry, Stéphane Lavoie et Carolyn Wilkins, *Produits titrisés, communication d'informations et réduction du risque systémique*, Rapports Banque du Canada, Revue du système financier, juin 2010.

Page 36-37- Les citations et chiffres sont tirés de : http://fr.wikipedia.org/w/index.php?title=Crise_bancaire. Dernière modification : 7 août 2012.

Page 39- Les prévisions sont tirées de :

Perspectives économiques de l'OCDE, n° 84, décembre 2008, p. 6.

www.lefigaro.fr, *L'OCDE prévoit une récession générale en 2009*. Publié le 13 novembre 2008.

Page 40-48- Pour les statistiques européennes: *Eurostat – Statistiques officielles de l'UE.*

CAPITAL, dossier spécial, octobre-novembre 2012: *L'État de l'Europe, 200 cartes et graphiques,* Éditeur Martin Trautmann.

2. *Les grands perdants*

Pour les statistiques sur le chômage, voir:

Page 56- *Perspectives économiques de l'OCDE,* vol. 2011.1.

Page 57- *Statistiques mondiales.com,* mai 2013.

Page 59- www.stat.gouve.qc.ca/donstat/econm. 1992 à mai 2013.

Pour les statistiques sur la pauvreté, voir:

Page 62– epp.eurostat.ec.europa.eu/cache/ITY, 3 décembre 2012.

Page 63- Observatoire national de la pauvreté et de l'exclusion sociale. Rapport 2011-2012. *Crise économique, marché du travail et pauvreté.*

Page 65- Bureau du recensement américain – Année 2010, publication en 2011.

Page 66- Jeanne Corriveau, « Recrudescence des demandes d'aide alimentaire au Canada », *Le Devoir,* 31 octobre 2012, p. A8.

Page 67- Mathieu Boivin, « Maison de Lauberivière. Hausse marquée de la clientèle », *Le Soleil,* 21 décembre 2012, p. 8.

Pour la situation des systèmes de retraite, voir:

Page 74- Rapport du comité d'experts sur l'avenir du système de retraite québécois. *Innover pour pérenniser – Renforcer la sécurité financière de tous les travailleurs québécois,* Gouvernement du Québec, avril 2013.

Page 74- Ève-Lyne Couturier, Maxime Lefrançois, Mathieu Saint-Onge. *Système de retraite au Québec et au Canada : constats et solutions,* Institut de recherche et d'informations socio-économiques (IRIS), mars 2013.

Page 74- OCDE. *Les retraites face à la crise économique et financière. Résumé de PANORAMA DES PENSIONS 2009.*

Page 76- Le Monde.fr *Grèce : les coupes dans les retraites jugées « anticonstitutionnelles »,* 2 décembre 2012.

Page 76- LatinReporters.com. *Espagne/crise et austérité : Zapatero frappe salaires et retraites,* 13 mai 2010.

Pour les changements climatiques, voir :

Page 80- Rapports du Groupe d'experts intergouvernemental sur l'évolution du climat de l'ONU (GIEC) (IPCC).

Page 83- Commission des communautés européennes. *Livre blanc : adaptation au changement climatique vers un cadre d'action européen,* 2009.

Page 84- La Banque mondiale. *Turn Down The Heat – Baissons la chaleur,* Rapport, novembre 2012.

Page 85- Forum économique mondial. *Rapport Global Risks 2013,* Davos.

Pour les inégalités, voir :

Page 86- OCDE. *Statistiques de l'aide. Le décrochage de l'aide aux pays pauvres se poursuit à mesure que les gouvernements serrent la vis budgétaire,* 3 avril 2013.

Page 87- OCDE. *Croissance et inégalités. Distribution des revenus et pauvreté dans les pays de l'OCDE,* octobre 2008, 341 pages.

Page 87- OCDE. *Toujours plus d'inégalité : pourquoi les écarts de revenus se creusent,* avril 2012, 450 pages.

Page 88- OCDE. *Étude économique des États-Unis,* 2012, 120 pages.

Page 88- La référence au *New York Times* est tirée d'un article d'Éric Desrosiers, « Le (mauvais rêve) américain », publié dans *Le Devoir,* 3 juillet 2012, p. B3.

3. *Regard critique sur les tentatives de sortie de crise*

Le livre déjà cité de Joseph E. Stiglitz, *Le triomphe de la cupidité,* et celui de Paul Krugman, *Sortez-nous de cette crise... maintenant!,* Flammarion, 2012, ont alimenté notre réflexion.

Page 93- Pour l'analyse de la crise américaine : Stiglitz, 2011, chapitre 5 : « Le grand hold-up américain ».

Page 95- LeMonde.fr. *Comprendre l'affaire Madoff,* 20 décembre 2008.

Page 99- Agence France-Presse, « Banques – Les États-Unis reportent l'application de Bâle III », *Le Devoir,* 11 novembre 2012, p. C3.

Page 109- Traité sur la stabilité, la coordination et la gouvernance au sein de l'Union économique et monétaire européenne, 2 mars 2012.

Page 112- Serge Truffaut, « La faute du FMI. Vices démocratiques », *Le Devoir,* 10 janvier 2013.

Page 114- OCDE. *Rapport horizon 2060 : perspectives économiques à long terme,* p. 22.

Page 116- Affaires étrangères et Commerce international Canada. *Chine (la République populaire de Chine) – Marché prioritaire de la Stratégie commerciale mondiale,* modifié le 12 décembre 2012.

Page 118-119- Françoise Lemoine. « Baisse de la croissance en Chine : et si ce n'était pas une si mauvaise nouvelle ? », *Atlantico, un vent nouveau sur l'info,* 19 août 2012.

Page 121- www.courrierinternational.com/.../pour.sortir.de.la.crise.imitons.les.canadiens.

Page 124- Ministère des Finances Canada. *Plan d'action économique du Canada. Sixième rapport aux Canadiens,* 24 septembre 2010.

Page 129-132- www.lepoint.fr. *Comment l'Islande est sortie de l'enfer,* modifié le 27 février 2012.

4. Leçons et défis

Page 136- John Maynard Keynes. *Théorie générale de l'emploi, de l'intérêt et de la monnaie,* 1936, traduction française 1942, Payot, 407 pages.

Page 144- Francesco Fontemaggi, « Le G8 va vers un système d'échanges d'informations », *Le Devoir,* 19 juin 2013, p. B1.

Page 144- Stiglitz, 2011, p. 46.

Page 146- Jula Posca, *Agences de notation : au cœur des dérives de la finance,* Institut de recherche et d'information socio-économique, 2012.

Page 148- EUROPA – Communiqués de presse – Des règles plus strictes pour les agences de notation de crédit vont entrer en vigueur, Référence IP/13/555, date : 18 juin 2013.

Page 150- Éric Desrosiers, « Voter pour quoi », *Le Devoir,* 2 juillet 2013, p. B3.

Page 154- Banque mondiale, *Rapport Baissons la chaleur : phénomènes climatiques extrêmes, impacts régionaux et plaidoyer en faveur de l'adaptation,* 19 juin 2013.

Page 155- Hervé Kempf, *Fin de l'Occident, naissance du monde,* Seuil, 2013.

5. Vers un gouvernement mondial?

Page 159- Jacques Attali. *Demain, qui gouvernera le monde?,* coll. Pluriel, Fayard, 2010.

Page 162- Gilles Bourque, *La logique de l'oligarchie financière,* www.oikosblogue.coop, 15 octobre 2012.

Page 163- Dean Henderson. *Big Oil and their Bankers in the Persion Gulf: Four Horsemen, Eight Families and their Global Inteligence, Narcotics and Terror Network,* www.createspace.com/3476183.

Page 165- Michel Pinson, Monique Pinson-Chabot. *Le président des riches. Enquête sur l'oligarchie dans la France de Nicolas Sarkozi,* Éditions de la Découverte, 2010.

Page 165- Annie Lacroix-Riz. *Industriels et banquiers sous l'occupation; la collaboration économique avec le Reich et Vichy,* Armand Collin, 1999.

Page 165- Jean-Baptiste Mauroux. *Du bonheur d'être Suisse sous Hitler,* Éditions d'En-Bas, 1997.

Page 166- Charles Higham. *Trading with the Enemy,* Delacorte, 1983.

Page 167- Andy Coglan, Debora McKenzie. « Revealed – the capitalist network that runs the world », *New Scientist,* 2835.24, octobre 2011.

Page 167- Ricardo Petrella. *Désir d'humanité. Le droit de rêver,* Écosociété, 2004, p. 33. L'auteur mentionne que Walmart, en 2002, a le 19e chiffre d'affaires au monde (pays et entreprises), juste après un pays comme la Russie et avant la Suisse.

Page 167- *Tour d'horizon des inégalités croissantes de revenu dans les pays de l'OCDE: principaux constats,* www.oecd.org/els/social/inegalite.

Page 168- La Banque mondiale définit ainsi le coefficient de Gini: l'indice de Gini indique dans quelle mesure la répartition des revenus entre des individus ou les ménages s'écarte de l'égalité parfaite. Le coefficient de Gini est compris entre 0 (égalité parfaite) et 100 (inégalité parfaite).

Page 168- Nicolas Zorn. *Le 1 % québécois: martyr fiscal? Étude sur l'évolution des revenus et de l'impôt du premier centile québécois,* note de recherche de l'IREQ, www.irec.net/secretariat@irec.net.

Page 172- www.lemonde.fr.

Page 172- www.lefigaro.fr, 1er juillet 2012.

Page 173- www.un.org/fr/: toutes les informations concernant l'ONU sont tirées de ce site.

Page 174- http://imf.org/ et http://worldbank.org: toutes les informations sur le FMI et la Banque mondiale sont tirées de ces sites.

Page 182- www.touteleurope.eu: le G20: histoire, fonctionnement, mission.

Page 188- Hervé Kempf, 2013. L'auteur appelle à une lucidité indispensable sur l'avenir du monde.

Page 191- Texte de référence: version consolidée du traité sur l'Union européenne. Eur-lex.europa.eu/fr/treaties/index.htm 2012.

Page 192- Le principe de subsidiarité fait partie de l'enseignement social de l'Église catholique. Il a été bien défini par Pie XI dans *Quadragesimo anno* et repris régulièrement par la suite.

Page 201- http ://go.worldbank.org/AEW96YZKFO. Définition de la société civile de la Banque mondiale.

6. Quelle éducation ? Quelle responsabilité ?

Page 210- Commission internationale sur le développement de l'éducation établie par l'UNESCO. *Apprendre à être,* 1972. Cette commission a été présidée par Edgar Faure. [www.unesco.education].

Page 211- Paul VI. *Le développement des peuples,* 1967, numéro 42.

Page 213- Commission internationale sur le développement de l'éducation établie par l'UNESCO. *L'éducation : un trésor est caché dedans.* Cette commission a été présidée par Jacques Delors.

Page 216- Edgar Morin. *Les sept savoirs nécessaires à l'éducation du futur,* Seuil, 2000.

Page 232- Frédéric Lenoir, dans son livre *La guérison du monde,* Fayard, 2012, propose une redécouverte des valeurs universelles. Mon approche relève plutôt d'une éthique des vertus qui s'inspire d'Aristote, de Thomas d'Aquin et plus récemment de MacIntyre. Cette dernière exige un renvoi à la responsabilité personnelle et à la construction de soi au cœur d'un environnement pluraliste.

Page 233- Martin Blais, *La vertu cardinale de tempérance :* ethicpedia.org/.../blais_vertu_cardinale_tempérance_.

Page 233- E. F. Schumaker, *Small is beautiful,* Contretemps/Le Seuil, 1978, p. 306.

Page 233- Pierre Jeanniot, « La vertu et l'éthique : qui doit payer la note ? », dans Michel Dion, *L'éthique ou le profit,* Fides, 1992, p. 204.

Page 234- Guy Laforest. *De la prudence,* Boréal, 1993, p. 11.

Page 237- Félicien Rousseau. *Modération ou manipulation et violence,* Beauchemin-Cerf, 1990.

Page 239- Pierre Dansereau: http://www.archives-expopd.uquam.ca/volet/implications/dev_durable.asp 9/4/2013.

Page 239- Réseau québécois pour la simplicité volontaire. [http://simplicitevolontaire.org]

Page 242- Monique Canto-Sperber. dir. *Dictionnaire d'éthique et de philosophie morale,* PUF, 1996. Articles: «Justice» par Catherine Audard et «Thomas d'Aquin» par Jean-Pierre Torrell.

Page 245- Jean XXIII. *Pacem in terris,* 1963, numéro 36.

Conclusion

Page 250- Fernand Dumont, *Raisons communes,* dans *Œuvres complètes de Fernand Dumont,* tome III, p. 700, PUL, 2008. Tout le chapitre 10 de *Raisons communes,* intitulé «Un dépassement nécessaire», est pertinent sur le rapport entre transcendance et institutions.

TABLE DES MATIÈRES

MARQUIS
Québec, Canada